カリスマ投資家の教え

川上 穣

JN211596

nbb
日経ビジネス人文庫

プロローグ

投資への圧倒的な「熱量」

ニューヨークが世界に誇る芸術の中心地リンカーン・センターが1年に1度、投資家たちに「乗っ取られる」ことはあまり知られていない。

名門オーケストラ、ニューヨーク・フィルハーモニックが本拠にするコンサートホールで開かれる、投資家向けの会合を初めて取材したときのことは忘れられない。日本円で約40万円もするチケットは飛ぶように売れ、獲物を探すような鋭い目つきの男たちが会場を埋め尽くしていた。

壇上に現れたのは、たぐいまれな運用実績を誇るヘッジファンド業界の面々だった。その数は10人を超えた。わずか15分ほどの持ち時間に、スライドを駆使しながら、自らのとっておきの投資アイデアを語っていく。

驚いたのは、市場の反応だった。

「空売り王」として知られるジム・チェイノスが、世界最大の建機メーカーであるキャタピラーを「新たな空売り対象だ」と語った。すると、その言葉がまるで号砲だったかのように、同社の株価は一瞬のうちに急落した。どの銘柄も似たり寄ったりで、買い推奨されれば上がり、その逆であれば売り込まれた。

近くに座っている米メディアの記者たちは、投資家の声を間髪を容れずにツイートする作業に追われて、頭を上げる余裕さえない。ウォール街そのものの関心が、「リンカーン・センターで誰が何を言ったか」という一点に集中していた。

この現象をどう解釈すればいいのか。

目の前でスーツに身を包んだ男たちが自信満々に語る言葉が、絶大な力を帯びて拡散し、市場を激しく揺さぶる。その凝縮された力の場が、今この瞬間に立ち現れている。それ自体がとても新鮮だった。

日本での取材経験では、こんなことは一度もなかった。

投資という行為に対する「熱量」の圧倒的な違いとでもいうべきか。

米国では自らの相場観で勝ち残ってきたカリスマ投資家たちが尊敬を集め、誰もが次の一手を知りたがる。ハーバード大学やコロンビア大学を卒業した優秀な若者たちが、将来、投資家になることを夢として語る国でもある。

一方の日本は「サラリーマン・ファンドマネジャー」と揶揄されるように、運用機関で働くプロのファンドマネジャーの個性は乏しい。取材をしていても、果敢にリスクを取って市場と向き合う投資家と出会えることはそれほど多くない。最近は変化の兆しがあるとはいえ、定期異動で運用部門にやってきて、数年後にはまた別の部署に移ってしまうような「かりそめの投資家」だっている。経営の自由度が高く、創意工夫の余地がある独立系の運用機関が少なすぎるのが日本だ。

これとは対照的に、米国には「投資の沃野」とも呼ぶべき世界が広がっている――。個性あふれる投資家が次々と壇上で講演したリンカーン・センターでの体験は、私にそんな直感を抱かせた。２０１０年からウォール街の担当記者としてニューヨークに赴任した私には、こうしたカリスマ投資家の実像に触れてみたいという衝動が生まれた。その人たちの生き方や運用哲学の深みに降り立てれば、バブルの生成と崩壊を繰り返しながらも、今なお世界の中心に君臨する米国の金融の本質が見えてくるかもしれない。

バフェットのすごみ

その群を抜く投資家グループの中心にいるのは、本書でも取り上げるウォーレン・バフェットだ。

そのすごみを否応なく理解させられたのは、08年の金融危機のときだった。負債を最大限に膨らませた高リスク経営があだとなり、投資銀行の一角を占めていたリーマン・ブラザーズが経営破綻した。そんな局面で、バフェットは同業のゴールドマン・サックスへの巨額投資を決めた。市場は極度の緊張状態にあり、明日、何が起きるのかさえ誰もわからない。目の前の視界でさえ真っ暗の状態にあって、バフェットは「これから5年後、10年後に今のこの時期を振り返ったとき、とんでもない買い場だったと思うはずだ」と宣言した。

しかしながら、その後もゴールドマンの株価は下がり続けた。「バフェットの神通力もついに失われたか」――米メディアはそう書き立てた。

当時、私は取材の応援のためにニューヨークに出張していた。「それでも米国の将来は明るい」と語るバフェットの言葉は、たしかに「根拠なきセンチメンタリズム（感傷主義）」に染まっているように思えた。1930年前後の大恐慌のときに生まれ、米国の成長とともに人生を歩んできたバフェットの愛国心がそうさせたのか。バフェットの楽観があまりに厳しい現実にそぐわず、強い違和感を覚えた。

このとき、私自身を含めてバフェットの失敗を予感した市場関係者は少なくなかったはずだ。

だが結果はその逆だった。やがて危機は最悪期を越え、氷が溶けていくように、投資家たちの緊張も解きほぐされていった。信用市場は改善に向かい、もともと競争力の高いゴールドマンの収益は回復の道をたどった。同社の株価は急速に持ち直し、バフェットは後にゴールドマンの優先株の売却などで巨額の利益を手にした。

今振り返れば、あのときにゴールドマンに投資をするのがベストの選択だったと誰もが思う。だが、ダウ工業株30種平均が1日で700ドル、800ドルも下がる、底値の見えない急落相場のただ中で、そんなことを即座に決められる投資家がバフェット以外にいただろうか（その点で、同時期にモルガン・スタンレーに約9000億円の出資を決めた三菱UFJフィナンシャル・グループの決断も金融史に残るはずだ）。

なぜこんな芸当が可能なのか。

私はどうしてもその秘密が知りたくなった。

おそらくバフェットは、普通の人々では見ることのできない角度からこの世界を眺めることができるのだろう。いつも笑顔を絶やさない、慈愛に満ちた好々爺バフェットが「善き人」であることは誰も否定しない。だがその裏には、「能面」をまとい、一切の感情を排してあらゆる事象に向き合う冷酷なもう一人のバフェットがいる。だからこそ社会の常識や周囲の雑音に惑わされず、視点をずっと先の長期において、自分の信じるやり方を貫き通すことができるのではないか。

ニューヨークを拠点に取材を進めていくと、バフェットのような投資家がほかにもいることに気づかされた。運用戦略はさまざまだが、誰もが危機の荒波を追い風に変えて、市場での存在感を高めている点が共通していた。

「経済は機械のように動く」と呪文のようにとなえ、精緻な分析で数々の危機を予言し

ニューヨーク市マンハッタンのミッドタウン地区には多くの有力ファンドが集まる。
写真：Emily Hey

てきたレイ・ダリオ。トランプ政権の誕生を誰よりも早く予見した「新債券王」のジェフリー・ガンドラック。最近は経営陣に改革を迫る、アクティビストと呼ばれる物言う株主の興隆も著しい。その代表格であるダニエル・ローブは、ソニーやセブン＆アイホールディングスなど日本市場にも触手を伸ばしている。米国で起きているカリスマ投資家の台頭は、日本にとっても対岸の出来事ではない。

彼らの登場は時代の要請でもある。リンカーン・センターでの出来事のように、こうした投資家たちの言葉が「託宣」のように受け止められるのは、われわれが羅針盤を失った時代を生きているからだ。

危機後の底割れを防ぐために、米連邦準備制度理事会（FRB）は金融緩和でお金をじゃぶじゃぶにした。危機から9年。ようやく継続的な利上げへの転換で「出口」を模索しようとしているが、過去最高に積み上がったFRBのバランスシートの縮小がいったいどんな事態を招くのか、予断を許さない。世界景気も回復途上にあるとはいえ、危機以前のような力強さは影を潜めたままだ。

特別な一群の投資家たちは危機を事前に察知することができた。そればかりか、09年を底にしたその後の長期の強気相場を言い当てることができた。そんな彼らの透徹した視線は、これからの世界のあり方をどう射程にとらえているのか。

本書では、取材を通じて知り得た6人の投資家が登場する。

それぞれが強烈な個性にあふれ、退屈さを感じさせる人間は一人もいない。

強い信念を持ち、リスクを恐れずに果敢に市場と向き合ってきた歴戦の猛者たち。彼らはどんな人生を歩み、成功の秘密にたどり着いたのか。

その奥深き世界に、足を踏み入れてみよう。

カリスマ投資家の教え／目次

第3章

第1章 Jeffrey Gundlach
ジェフリー・ガンドラック

トランプの時代を予見した男

米国有数の債券投資家。「新債券王」の異名を持つ。運用大手ダブルライン・キャピタルの最高経営責任者（CEO）。米国の住宅バブルの崩壊や、ドナルド・トランプ大統領の誕生を予見するなど、独自の分析に基づく読みの鋭さに定評がある。

写真◎AP／アフロ

ガンドラックの教え

○市場のコンセンサスにしたがって投資しない
○希望的な観測は投資の助けにならない
○リスクを考え抜くことが投資で勝ち残る秘訣
○「絶対に起こらない」と誰もが言ったら、まさしく「それが起きる」サイン

トランプ勝利を予言

２０１６年11月、米国の大統領選挙でドナルド・トランプが当選を果たした。大方の予想を覆し、民主党候補のヒラリー・クリントンを破っての勝利だった。

世界の政治や経済の動きに敏感なはずのウォール街も、この結果をほとんど予測することができなかった。多くの市場関係者がクリントン勝利を信じて疑わず、トランプ当選は大きな衝撃を持って受け止められた。

こうした中にあって、誰よりも早くトランプの勝利を予言していた人物がいた。米資産運用大手ダブルライン・キャピタルの最高経営責任者（ＣＥＯ）、ジェフリー・ガンドラックである。

「新債券王」の異名を持ち、自他ともに認める自信家だ。米ＣＮＢＣなど経済テレビ番組に頻繁に出演しては、まくし立てるように金融市場の展望を語る。米国の金融業界では知らぬ者がいないほどの有名人だ。

選挙期間中、ガンドラックが「トランプ勝利」の予測を語るたびに、テレビのキャスターは「何を勘違いしているのか」といった様子で冷たい視線を投げかけた。

ガンドラックは周囲の無理解を気にする素振りをまったくみせなかった。彼にはトランプが勝つ理由が実にシンプルに見えたのである。

「どちらの候補により弱点があるかといえば、それはクリントン以外に考えられなかった」

ガンドラックが注目したのは、08年の前回の米大統領選の民主党候補選びでクリントンがオバマに負けた「敗北歴」だった。当然のことながら、政治経験のないトランプは表立って負けたことがない。この違いは大きかった。

今回の大統領選中には私用メール問題でも厳しい追及を受け、「誠実さに欠ける人物と見られるようになった」ことも見逃せなかった。

もうひとつ、米国内にはびこる貧富の格差も軽視できなかった。

米経済の主流から阻害されていると感じる中流階級以下の米国民の不満が渦巻き、「米国第一主義」を掲げるトランプのポピュリスト（大衆迎合主義）の姿勢が多くの支持を得るようになった。

トランプには女性問題のアキレス腱はあったが、両者のマイナスをてんびんにかけてみると、明らかにクリントンが不利だと思われたのである。

ウォール街を含む、米東海岸や西海岸のいわゆるエスタブリッシュメント（支配者層）は米大統領選の趨勢を完全に見誤った。「反トランプ」で団結した米国の主要メディアも最後までクリントンが優勢だと伝え続けた。

なぜ大方の読みは外れたのか。ガンドラックはそこに投資の世界にも当てはまる罠が存在するという。

「どんなことでもいい。人々は『次に何が起きるか』ではなくて、『何が起きてほしいか』という願いにも似た思いから物事を考えがちだ」

ただし、その願望がいつも正しい答えを導いてくれるわけではない。「大切なのは情に流されるのではなく、冷徹に現実を見極め、その先に何が起こりうるのかを展望することだ」

米メディアにこう繰り返し語ってきたガンドラックは自らを徹底した「現実主義者」と定義している。

トランプ勝利を的中させたガンドラックだが、その先にある米国の未来をどう見ているのだろうか。

結論から言えば、ガンドラックは米国の将来について「短期はプラス、長期はマイナス」と考えているようだ。長短の時間軸によって二つの異なる米国の姿が見えているというわけだ。

「偉大なるアメリカ」の復活を最優先に掲げるトランプは大型の減税と大胆なインフラ投資を景気浮揚のきっかけにしようとしている。

「トランプは借金を愛している。だから米経済の拡大は、債務の増加に裏打ちされたものになるのは間違いない」

ガンドラックはこう断言する。国家財政の運営面で大盤振る舞いを控え、どちらかと言えば倹約的だったオバマ前政権とは明確な一線を画す。

トランプ自身の経歴を振り返れば、放漫な財政を志向する理由がわかる。若くして父親から不動産業を引き継ぐと、大胆な開発投資を重ねて事業規模を拡大した。やがて「不動産王」と呼ばれるほどの地位を築くまでになった。

「借金は大好きだ」と臆面もなく言い放ち、巨額の借金を重ねて豪奢なカジノホテルをいくつも建てたトランプ。実業家として成功するまでに4度も破産申請したことがある過去が、成功までの道のりが平坦ではなかったことを物語る。

ガンドラックはトランプの本質ともいえる「大盤振る舞い」が米景気を力強く押し上げていくとみる。米国株は投資指標で見て割高な水準にはあるが、良好なファンダメンタルズが株式相場を下支えするという見立てだ。

ただし、視点を米国の長期の展望に広げていくと、違った光景が見えてくる。

17年1月、ガンドラックは世界経済や債券市場の見通しを語る、投資家向けの電話会議を開いた。ダブルライン・キャピタル社のホームページで名前やアドレスを登録すれば、誰でも聴くことができる。

ガンドラックはトランプ政権のインフラ投資は短期ではポジティブだが、長い目では決して健全な姿とは言えない、と力説した。

米国でも国内総生産（ＧＤＰ）に占める公的債務の比率は年々上昇を続け、16年には75％に達した。これが46年には１４０％を超える水準に達するという民間機関の調査結果をプレゼン資料に盛り込んだ。

しかもこの調査は、トランプ政権の誕生を織り込んで実施されたものではない。「借金を愛する」新たな米大統領の誕生によって、実体経済に占める債務の比率はますます上昇していく懸念がある。

国が借金にまみれる新たな現実は、金融市場に何をもたらすのか。ガンドラックには確信がある。必ず起こり得るのは「金利の大幅な上昇」だ。

債券、強気相場の終わり

16年９月、ガンドラックの姿が東京にあった。みずほ証券が年に１回開く「みずほインベストメント・コンファレンス」に、基調講演のスピーカーとして招かれたのだ。都内ホテルの大会場で、３００人に迫る国内外の投資家が耳を傾けるなか、ガンドラックは１時間にわたって熱弁をふるった。

冒頭、前方の大型スクリーンに、夕日が水平線の彼方に沈もうとする写真が映し出された。

「これまで信じられてきたことがガラリと変わろうとしている。債券市場はターニングポイント（転換点）を迎えた」

ガンドラックは聴衆を前に、長らく続いた「低金利時代」が終わりを告げたと宣言した。08年9月の「リーマン・ショック」後、景気の底割れを防ごうと日米欧の中央銀行が未曽有の金融緩和に踏み込んだ。政策金利をゼロ近辺まで引き下げるばかりか、量的緩和によって市場に大量のマネーを流し込んだ。

日本銀行と欧州中央銀行（ＥＣＢ）はさらにマイナス金利政策にまで踏み込み、主要国の長期金利はほぼ一本調子で下がってきた（債券価格は上昇）。日本やドイツの国債金利はマイナス圏に突入し、米国の10年債も１％台前半まで低下した、といった具合だ。

こうした事実を踏まえたうえで、ガンドラックは20年以上にわたって続いた債券の強気相場がついに終わりを迎えた、と語りかけたのだ。

ガンドラックはどのようにして債券相場が歴史的な転換点に差しかかったと判断するに至ったのか。

きっかけは、市場に広がった異様なまでの楽観論だった。

16年7月、米10年債利回りが１・３％台と過去最低の水準まで低下した。このあたりから、もともと債券相場に慎重だったはずの投資家までもが「（価格上昇が見込める）米国債は魅力的な投資先だ」などと方針転換するようになっていた。

米経済テレビのコメンテーターまでもが「まだもう少し金利は下がりそうだ。投資する

米10年債の利回りは16年7月を底に上昇に転じた

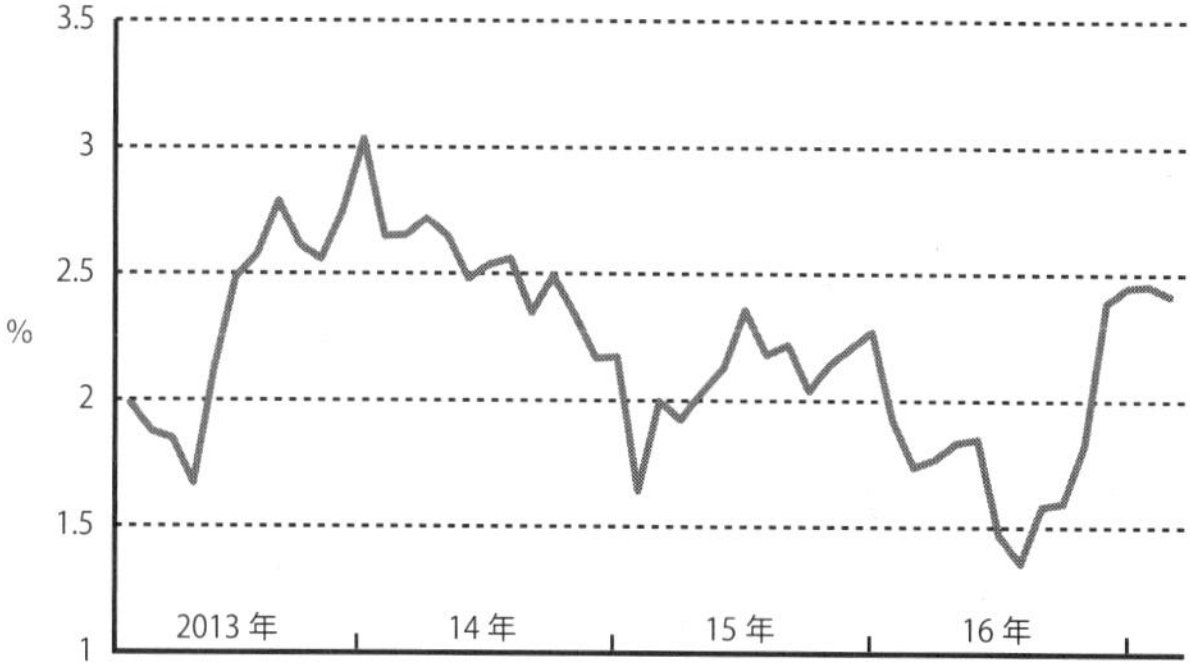

なら今しかない」と視聴者に語りかけていた。

市場では「長期金利はもう二度と上がらない」という極端な声さえ聞かれた。

誰もが債券相場に強気になっている。それはガンドラックにとって「根拠なき楽観」と映った。つまりは、相場の転換を伝えるサインにほかならなかったのである。

16年7月の社内の投資戦略会議で、金利は底を打ち今後は上昇に向かっていくだろうと確認した。間髪を容れずに債券を売り、金利上昇時に有効になる「インフレ連動債（TIPS）」を積極的に買い入れた。

はたして、米10年債利回りは7月を底に上昇に転じた。16年12月には米連邦公開市場委員会（FOMC）が1年ぶりとなる追加利上げを決めたこともあり、米長期金利（10年債利回り）は一時2・6％台前半と、2年3カ月ぶりの水準まで上がった。まさしくガンドラックの読み通りになったのである。

ガンドラックは35年に及ぶ自身の投資経験で誰もが「絶対に起こらない（never happen）」と語るようになったら、「まさしくそれが起きる」サインになることを学んだという。

今回も低金利にどっぷり浸った時期が長く続いたこともあり、市場関係者が「もう金利は上がらない」、「今後5年は、長期金利が上昇することはない」などとわが物顔で語るようになっていた。

ガンドラックには、それが実にばかげた話に思えたのである。

マクロの景気動向やFRBなどの金融政策だけでなく、市場心理も巧みに織り交ぜながら運用戦略を練るのが、新債券王の特徴でもある。

今後の焦点は金利上昇のスピードだろう。トランプ政権の財政出動で景気が想定以上に過熱すれば、「行きすぎた金利上昇が起きる可能性もある」というのがガンドラックの読みだ。

その場合は「金利の急上昇→景気を下押し→企業収益が鈍化」という経路で、株式相場に打撃を与えるシナリオもアタマの片隅に置いていた方がいいかもしれない。

ガンドラックは、米長期金利の指標である10年債利回りが17年末に3％台に乗せ、今後4～5年で6％まで上昇する余地があるとしている。景気の拡大に伴って緩やかに金利が上向くよい金利上昇であればいいが、米財政赤字の膨張が引き金になった場合の金利上昇がどこまで秩序だったものになるのかは予断を許さない。

政府債務の拡大と金利の上昇によって、米国が歳入と歳出のバランスをどう維持していくのかも気がかりなところだ。ガンドラックは「2020年の次の大統領選では、年金制度や公的な医療費補助の制度をどうするかが争点になる」（米経済誌）と語っている。

最速の成長スピード

ガンドラックが創業したダブルライン・キャピタルは米西海岸のロサンゼルスに本社を構えている。米国の運用業界はニューヨークやボストンなど東海岸が本拠のことが多い。西海岸の場合はサンフランシスコ周辺が比較的多く、そういう意味でもダブルラインは異質な存在だ。

09年に設立され、運用資産は1060億ドル（16年9月時点）に達する。運用資産のうち、ざっと個人投資家が6割、機関投資家が4割を占めている。全米の個人投資家のほか、米国の年金基金や世界の政府系ファンドが資金を投じている。

ガンドラック自身がテレビなど表舞台に頻繁に登場するのは、ダブルラインの知名度を高め、個人マネーを呼び込むマーケティング効果を狙ってのものだ。誰が投信の運用を任されているのか運用担当者の顔が見えにくい日本とは違って、米国は優秀なファンドマネジャーがいることを評価して資金を投じる投資家が多い。

抜群の運用実績を誇るガンドラックは、自らが広告塔の役割を果たしているわけだ。その効果もあってか、ダブルラインは全米の中で最も短期間に運用資産が１０００億ドルの大台に達した運用会社になった。

16年４月には海外で初となる拠点を東京に開いた。日本の有力な年金基金に加えて、いずれは個人投資家が購入できる投信なども提供しようとする考えのようだ。日本でもガンドラックが直接、投資家に自らの相場展望を語る場面が増えていくかもしれない。

ドラマーを経て金融の世界に

ガンドラックも、米国を代表するカリスマ投資家のご多分に漏れず、かなり個性的な人物である。自らを運用業界の「ゴッドファーザー」と呼ぶほどの自信家だ。

時にエゴイストの顔も見せる強烈な個性はどのようにして生まれたのか。本人の成功に至るまでの道のりを振り返ってみよう。

ガンドラックは59年、ニューヨーク州北西部のバッファローで生まれた。中産階級の育ちだが、生活はそれほど楽ではなかった。

幼いころから数字に抜群の強さを発揮した。ＳＡＴと呼ばれる全米の統一テストでは数学でいつもほぼ満点だった。

奨学金を得て、米アイビーリーグの一角を占めるダートマス大学で数学と哲学を専攻した。優秀な成績で卒業すると、数学をさらに究めようと米東部の名門イェール大学の博士課程に進む。

非の打ちどころのない順風満帆な学生生活だ。しかし、ガンドラックの人生はここからがらりと様相が変わる。

大きな希望とともに進んだイェール大だったが、大学院では研究に十分な理解を得ることができず、2年が経過したところで退学を決意する。

その後に向かったのは、開放感にあふれる西海岸だった。

学問の道を諦めたガンドラックが選んだのは、意外にもバンドマンだった。ドラマーとしてバンドのメンバーに加わり、ロサンゼルスで本格的な音楽活動を始めた。

たくさんの曲をつくり、録音してはテレビやラジオ局に売り込む日々を送った。だがそこその実力があったにもかかわらず、バンドは表舞台で華々しい成功を遂げることはできなかった。

当時はウォール街の華やかなりし80年代の頃だった。ある時、テレビで「もっとも稼ぎのいい職業は何か」という特集番組が放送されていた。

1位に選ばれたのが投資銀行マンだった。

「自分も大金を稼いでみたい」

食えない日々を送っていたガンドラックもいつしかそう思うようになっていた。数学の才能があり、データにはめっぽう強い。冷静な分析にも自信がある。自分にはこの道しかない、とばかりに金融の世界に足を踏み入れることを決意した。

そうして職を得たのが、債券投資に強みを持つ大手運用会社のＴＣＷである。入社後はメキメキと頭角を現した。90年には報酬が１００万ドルを超えた。２００９年には年間で４０００万ドルを稼ぐまでになっていた。

運用を任されていた「トータル・リターン・ファンド」は同じタイプの債券ファンドの中で上位１％にずっと入る抜群の運用成績を誇っていた。

だが、次第にガンドラックの考えとＴＣＷの経営方針が合わなくなり、09年末にＴＣＷに解雇されてしまう。自らダブルラインを創業すると決めると、ＴＣＷ時代の部下がごっそりとガンドラックにつき従ってきた。これに怒ったＴＣＷから訴えられるなど、両者の関係は一時泥沼化した。

ＴＣＷの訴えによれば、ガンドラックのＴＣＷ時代のデスクには麻薬の吸引器や性玩具などが置かれていたという。本人は否定したが、どこか破天荒なガンドラックのイメージに合致する話ではある。

音楽にのめり込んだガンドラックは現代美術への造詣も深い。自宅に現代美術の作品が並べられているばかりでなく、ダブルライン本社の会議室も「アンディ・ウォーホル」をはじめ現代を代表するアーティストの名前が冠されているという。

「新債券王」の称号

米投資情報誌『バロンズ』は、11年にガンドラックを「債券王」と称賛した特集記事を掲載した。

主に住宅ローンに関連した債券（モーゲージ債）への投資で成功してきたガンドラックを称賛する内容だった。とりわけ、米国が後の金融危機の引き金になった住宅バブルに沸いていた07年に「住宅市場の調整は避けられない」といち早く宣言したことが評価を一気に高めることになった。

元祖「債券王」とされるのが、米債券運用大手ピムコの元CEO、ビル・グロスである。グロスも強烈な個性を持ち、ピムコで次第に孤立していく。自らが創業者であるにもかかわらず、14年には事実上会社から追放されてしまう（ちなみにピムコはグロス辞任後、旗艦ファンドの資金流出が止まらなくなった。ファンドマネジャーの腕を頼って資金を振り向ける投資家が米国にいかに多いかの証左でもある）。

失意のグロスはあるとき、ダブルラインの代表電話に自ら電話をかけた。自分が共同投資責任者となってガンドラックと手を組む用意があると伝えるためである。

唐突な連絡を受けたガンドラックはグロスと実際に会って食事をした。だが、両雄並び立たず。結局、ガンドラックは断りを入れ、グロスは米資産運用会社ジャナス・キャピタルで債券ファンドを運用する機会を得た。

両者がもし手を組んでいたら債券投資の「ドリームチーム」が誕生していたことになる。ただし、超個性派の二人が運用方針でうまく折り合えたかどうかは極めて疑わしい。

ぶれない投資哲学

ガンドラックが成功してきた理由のひとつに、市場のコンセンサス（大多数による合意）にしたがって投資判断をしてこなかったことがある。一方で本人は「私を逆張りの投資家だと言う人がいるが、まったく見当違いだ」とも語っている。自分は単なるあまのじゃくの発想で市場に勝ってきたのではないという意味だろう。

確固たる運用戦略があるからこそ、債券市場で生き残ってきたとの自負がにじむ。この姿勢は米国でもっとも尊敬を集める「オマハの賢人」ことウォーレン・バフェットに通じるものがある。

バフェットは「気まぐれなミスター・マーケット（市場のご主人様）に振り回されてはいけない」と常々語ってきた。市場で日々変動する株価は時に正しかったり、時に間違っていたり、同じところにとどまっていることはない。大事なのは不安定な株価に一喜一憂することなく、自らが企業の本源的な価値を見極めることだ。

債券投資家のガンドラックも考えは同じだ。市場に振り回されずに、自分が正しいと思う道をゆく。市場関係者の言葉に気を取られてばかりでは投資で成功することはできない。

ガンドラックが正しい道を探り当てようとする手法にも妥協はない。

一切の先入観を排して、「ただデータが指し示す地点に行く。たとえそれが（景気後退のような）醜い現実を示唆するものであっても、投資家はためらってはいけない」という。

ガンドラックにとって希望を持つことは投資の助けにはならない。むしろ、「徹底的にリスクを考え抜くことが勝ち残る秘訣なのだ」と話す。

本人に近い関係者は「思惑とは反対に市場が動いても、自分のポジションにこだわり続ける」執念に舌を巻く。それは自信に裏付けられた強烈な自我がなせる業でもあるのだろう。

ガンドラックはかつて米誌にこう語ったことがある。

「私は市場や経済の真実を見抜く才能を授かった。そして自分の分析が導き出した結論に強迫的ともいっていいぐらいにこだわるんだ。債券投資や運用の資産配分を周囲の誰よりも上手にできるのは、そうした才能があるからだ」

この発言は示唆に富む。優れた投資家は企業の本源的な価値やマクロ景気の分析を正確にできなければいけない。

ただ、それだけでは十分ではない。たとえ本質を見極める能力があったとしても、不安定な市場の動きに翻弄されて自らのポジションを頻繁に変えるようでは思うような投資の成果は得られない。ガンドラックには正確な分析能力と、自らが気づいた投資戦略に徹底してこだわるブレのなさが共存する。

分析力を支えているのは、たぐいまれな記憶力だ。80歳を超えても、資料を見ないですらすらと数字が出てくるバフェットのように、ガンドラックも運用戦略を語るときのよどみがない。過去の歴史からも貪欲に学ぼうとする姿勢がある。

もちろん、相場観がいつも間違っているようだったら、過剰ともいえるこだわりは投資の損失に直結する。そんな体たらくであれば、30年以上も市場で生き残っていくことはできなかったはずだ。

驚かされるのは、さまざまな局面でガンドラックの予測が当たってきたという的中率の高さだ。

例えば14年の債券相場がそうだった。量的緩和の終了などFRBが「出口戦略」に向かうなかで、米長期金利は上昇するというのが市場の大方の予測だった。

ガンドラックはこうした見方に真っ向から対立した。ここ数年の株高で積み立て不足が解消した米年金基金は安全志向の高まりで再び債券市場に資金を移すと読み、「10年債利回りは2％台半ばで推移するだろう」と見通した。

ガンドラックの主張はきわめて少数派だったが、米長期金利はその後も低下を続け、年末には2・5％を下回る水準まで下がっていった。

別の場面ではこんなこともあった。

「アップル（の株価）は崩壊している」。13年初頭、ガンドラックは過激とも取れる表現で、アップルの成長神話は偽りだと断じた。

12年春からアップル株の熱狂は実態面の裏付けに乏しく、株高は長続きしないと警告してきた。アップル株が12年9月に705ドル（株式分割前）の最高値を付けた時期でさえ、「425ドルが適正株価」と主張した。その弱気に反応するかのように、アップルの収益拡大ペースも鈍りはじめ、株価は13年1月に400ドル台まで下がった。

株式市場は畑違いのはずなのに、アップル株の急落を誰よりも早く予見した。この頃から米国では、ガンドラックの言葉を「ご託宣」のように受け止める投資家が増えた。

ガンドラック自身は「自分は投資の世界に33年いる。このうち10年は間違え、22年は正しい相場観を持つことができた」と話している。

当然のことながら百発百中の投資家などどこにも存在しない。ざっと計算するとガンドラックの的中率は65％を超える。これだけで驚異的といえる水準なのかもしれない。

繰り返すが、多くのケースでガンドラックの相場観が的を得ているのは、情緒を排し、データを緻密に分析できる能力があるからだ。あらゆるリスクに目配りをする視野の広さも見逃せない。

二つの指標

ガンドラックの講演を1度でも聞いてみればわかるが、網羅するデータの範囲がとにかく広い。

17年1月の1時間半に及んだ電話会議でも、主要国の消費者物価指数や米企業の景況感指数といった基本的なものから、米低格付け債のデフォルト率や原油の在庫まで、実に80ページを超えるスライドを駆使して、相場見通しを語った。

ここでガンドラックが好んで使う興味深い指標を二つ挙げてみよう。

ひとつは、「米失業率の移動平均」だ。

直近の失業率と、過去1年（12カ月）の失業率の移動平均を比較する。もし直近の失業率が過去1年の平均を上回ってくるようであれば、景気後退に陥るリスクがあると判断する。ちなみに16年12月の段階では、まだ足元の失業率が過去1年の平均を下回っており、「当面は米景気の後退リスクは高くない」という。

過去3年（36カ月）の移動平均と直近の数字を見れば、もっとはっきりと景気の転換点を見極めることができるとしている。

もうひとつは、「銅と金の比率」だ。これは銅相場から金相場を割って算出する。この比率が上昇しているときは、景気動向の影響を受けやすい銅が相対的に強く、景気が上向きであると解釈することができる。逆に比率が低下している場合は景気が下降気味であることを示す。

ガンドラックはいくつもの指標を駆使しながら、景気の現状を可能な限り正確に把握しようとする。これにＦＲＢなどの金融政策の見通しも織り交ぜて、長短期の債券の組み入れ比率などの資産配分を導き出す。

16年には金利上昇を読み取ってインフレ指数連動債（ＴＩＰＳ）に資金をシフトさせた。17年についてはＦＲＢによる2回程度の利上げが、もっとも可能性の高いシナリオだとしている。景気が過熱するような状況になれば3回以上に増えてもおかしくないとみる。

トランプ政権の財政拡大策への期待を映して、米国の株式市場ではダウ工業株30種平均が17年1月に史上初めて2万ドルの大台に乗せた。

法人税の大幅な引き下げによる企業の1株利益（ＥＰＳ）の拡大を織り込んだ株高とも言えるが、投資指標面で割高感があるのも否めない。

ロバート・シラー米イェール大教授が株価の割安度合いを測るために開発した「ＣＡＰＥレシオ」（景気変動調整後の株価収益率＝ＰＥＲ）。ガンドラックも重視してきた指標が17年1月時点で28倍まで上昇した。

２０００年前後のＩＴ（情報技術）バブル期を除くと、１９２０年代以来の水準まで上がった。ガンドラックは米国株の上値余地が大きいとはみていない。むしろ米投資家は新興国も含めて海外株に分散投資をするべきだと語っている。

ちなみに、ガンドラックは90年代から自身の運用資産の中に金を組み入れている。地政学リスクが高まる場面では金に逃避資金が向かうことが多く、「分散投資の観点からも手放す気はない」としている。

日銀のマイナス金利を酷評

ガンドラックは日欧の金融当局が導入したマイナス金利政策には一貫して批判的な立場を取ってきた。

日銀は16年9月にマイナス金利の深掘りを見送り、長期金利を0％程度に抑えるイールドカーブ・コントロール（長短金利の操作）政策を打ち出した。ガンドラックはいつものように米CNBCテレビに出演すると「日銀はマイナス金利政策の結果を得られなかったのを認めたようなものだ」と辛辣な言葉を投げかけた。

マイナス金利政策は市場の金利を引き下げることで、企業に投資を促したり、預金に滞留していた個人のマネーを株式などリスク資産に向かわせたりする効果を狙ったものだった。日米の金利差の拡大を通じて円安を誘導し、株高などへの波及を期待した面もある。

だが、結果は違った。投資家の運用難が一段と深刻になったばかりでなく、企業や消費者の間では物価上昇や経済の先行きに慎重な見方が広がった。市場では「マイナス金利政策はむしろ世の中のデフレマインドを呼び覚ましてしまった」という声も多く聞かれるようになった。

ガンドラックもマイナス金利は「消費を刺激するどころか、貯蓄しようとする意識を高めてしまった」と語る。インフレ期待が醸成されることはなく、マイナス金利の導入後も日銀の真の狙いともいえる円安が進行することはなかった。

特にガンドラックが強調してきたのは、マイナス金利が金融機関に懲罰的な政策であるという事実だ。金利のさらなる低下によって、銀行は融資で稼ぐことがますます難しくなった。生保や損保などの運用難も深刻さを増すばかりだ。

「金融システムを破壊しながら、同時に経済を癒やすことなどできない。中銀はこの事実を学びつつある。（日銀も）いずれマイナス金利を放棄することになるだろう」

米国を中心に金利が再び上昇局面に入ったとみるガンドラックは、日欧の中銀が採用してきたマイナス金利は遠からず解除されるとみているようだ。

日本株には強気

日銀のマイナス金利には批判的なガンドラックだが、日本株については折に触れて強気の姿勢を強調している。

「私のベストアイデアは日本株だ」。

初めて強気宣言したのは、13年のはじめだった。このころはアベノミクスが海外の投資家から大きな関心を集め始めていた時期に当たる。日銀が量的金融緩和でFRBさえ上回るペースで市場に資金を供給することを材料視し、円安・ドル高が進むとみて日本株は買いだと結論づけた。

「日経平均が1万5000円になっても驚かない」

13年4月、ニューヨークの会合で宣言したとき、日経平均はまだ1万2000円前後だった。この後、緩和期待による金融相場に火がつき、翌5月には1万5000円台を付けた。

それから4年弱がたち、17年1月の運用説明会でも再び日本株について言及する場面があった。

米国株には指標面で割高感があり、今後は株式の国際分散投資が必要になるという見方を示した。その後に有望な投資先としてインド株に続けて「ニッケイ（日経平均株価）も好きだ」と言及した。

財政拡大をいとわない安倍政権の経済政策は、株式市場にポジティブに働きやすい。加えて「年金や中銀などからの『自動買い』も期待できる」ことを根拠に挙げた。

これは年金積立金管理運用独立行政法人（GPIF）を筆頭に株式の投資比率を高める

傾向にある公的年金や、日銀が上場投資信託（ETF）を年間6兆円購入している事実を指しているとみられる。

「官製相場」の要素を多分に含むが、株式の良好な需給が日本株を押し上げる要因になるという見方のようだ。

ガンドラックがどれぐらい日本株に資金を投じているかは定かではない。もともとは米住宅ローン担保証券などを中心とした債券の投資家であり、株式の配分比率はそれほど高くはない。

だが、海外で初めて開いたオフィスが東京であることからもうかがえるように、1700兆円の金融資産を抱える巨大なジャパン・マネーへの期待はきわめて大きいとみていいだろう。

長期には警戒サインも

ただし、日本株に強気だからといって、ガンドラックが長期的に日本経済や金融市場を楽観視しているということではない。

GDPに占める公的債務の比率が先進国で日本が最悪なのは周知の事実だ。少子高齢化の面でも先進国のトップランナーをいく。財政状況や人口動態で見ると課題は山積している。

国のバランスシートを踏まえた日本の全体像をどう解釈すべきなのか。

ガンドラックは日本の過剰債務の解消には荒療治しかないと考えている。「(日本の)債務問題とスタグネーション(停滞)を解消するには何が必要か、もはや残された手段はヘリコプターマネーしかない」

日銀はいずれマイナス金利を放棄して、別の財政刺激策が主役になるという見立てだ。これは劇薬である。

ヘリコプターマネー(ヘリマネ)は、ヘリコプターからお札をばらまくように中央銀行が大量のマネーを刷ることを意味する。

ガンドラックの主張と時を同じくして、エコノミストの間にもヘリマネの考えに通じる政策議論が活発になっているのは気になるところだ。

例えばノーベル経済学賞の受賞者でもある米プリンストン大のクリストファー・シムズ教授は財政赤字を将来のインフレで補う「物価水準の財政理論(FTPL)」と呼ぶ財政拡張論を提唱している。政府が公的債務の一部を、増税ではなくてインフレで帳消しにすると宣言することで物価の上昇を促す手法だ。

英金融サービス機構(FSA)のアデア・ターナー元長官の場合は、日銀のバランスシートに積み上がった国債の一部を、無利子の永久債にすることを提唱している。政府の利払いを意図的に減らし、政府がより財政にお金を投じやすくする奇策だ。

いわばインフレを誘発させることで国の借金を帳消しにする考えに近い。物価上昇がコントロールできればいいが、政府や中銀の思惑を超えて金利が急上昇するハイパーインフレが起きる可能性も否定はできない。

ガンドラックも日本が膨大な政府債務を減らすには意図的にインフレをつくり出すしかないと考えている。そんな劇薬に頼らない限り、日本経済の未来はないという見解の表明でもある。

需給が良好であることをとらえて日本株を好むガンドラックだが、長期的な視野で日本を見たときはその将来に悲観的だ。「いずれ円は崩壊に向かう」と過去に発言したこともある。

つまるところ、ガンドラックは米国と同様に日本についても「短期は強気、長期は弱気」というスタンスなのである。

第2章 Ray Dalio レイ・ダリオ

世界最大のヘッジファンド

米世界最大のヘッジファンド、ブリッジウォーター・アソシエーツ創業者。運用資産は約1600億ドル。米金融危機や欧州の債務問題を予見し、2011年は39億ドルの巨額の報酬を得た。世界の株式・債券・為替などあらゆる資産に投資するグローバル・マクロ戦略を採用する。FRBなど世界の中央銀行がもっとも注目する投資家でもある。

写真◯AP／アフロ

ダリオの教え

○経済は機械のように動く
○目先の値動きに惑わされず、歴史から学ぶ姿勢を失わない
○投資家は失敗から学ぶことで成功できる
○偉大な投資家は攻撃的であると同時に守りも知っている
○運用リスクをヘッジするのに金投資は有効だ

危機の予言者

ニューヨーク中心部から約1時間半、車を北に向かって走らせる。隣り合うコネティカット州に入ってほどなく、ウエストポートにたどり着く。豊かな緑に囲まれた、人口3万人に満たない小さな郊外の町だ。

ハイウェーの出口を降り、小さな橋を渡ってすぐの小道を曲がる。うっそうとした森の中をしばらく進むと突然視界が開け、背の低い3棟の建物が目に飛び込んできた。オフィスビルというより、別荘といったほうが近い。建物の間を渡り廊下が結び、そのすぐ下に小川が流れる。人の気配は乏しい。森のしんとした空気。聞こえるのは鳥のさえずりばかりだ。

ウォール街とはおよそ縁のなさそうな静謐な空間だが、駐車場にずらりと並ぶ高級車が、ここがただの場所ではないことを物語る。大都会の喧噪から遠く離れたこの地にいるのは、世界で絶大な影響力を誇る投資家だ。

世界最大のヘッジファンド、ブリッジウォーター・アソシエーツ創業者、レイ・ダリオ。運用資産約1600億ドル（約17兆円）のお化けファンドはこの辺境の地に本社を構える。

ダリオがマンハッタンのアパートの一室で創業してから約40年がたつ。今では約1400人の社員を抱える巨大な投資集団に変貌した。ＦＲＢなどの中央銀行、世界の政府系

ブリッジウォーター本社は豊かな緑に囲まれている（コネティカット州）。
筆者撮影

ファンド、そして巨大な公的年金まで、グローバル金融の中心にいるプレーヤーたちが、ダリオが世界の行く末をどう見通しているかに多大な関心を向ける。顧客向けに発行している日々のリポートは、「金融の森羅万象を網羅している」（ニューヨークのファンド関係者）と評されるほどだ。

ダリオは縦横無尽に投資する。世界の株式や債券、為替などあらゆる資産が、彼にとっては利益を生む源泉だ。日本国債や新興国通貨など、常に100を超える金融資産に資金を振り向ける。じっくりと財務を分析し、個別の企業に買いや空売りの注文を出す大多数のファンドとは違う。マクロの景気や金融政策を材料にして投資先を決めるダリオの手法は「グローバル・マクロ」戦略と呼ばれる。世界で名をはせてきたジョージ・ソロスに近い。

森に囲まれたブリッジウォーター本社にダリオを訪ねると、本人はジーンズにサンダルというラフな格好だった。満面の笑みで迎えてくれたダリオに、ヘッジファンド業界にありがちなおごった様子は見られない。

自室の大きな机の背後にはアラスカだろうか、趣味であるという狩猟の旅を切り取った写真が並べられている。子供たちと一緒に収まった写真も飾られ、家族思いの一面も垣間見えた。

そしてこの部屋を占有していたのは、巨大な電子黒板だった。世界経済を分析し、投資アイデアを整理するための必須アイテムといったところだった。

穏やかな表情のダリオだったが、長らく市場に勝ち続けてきた投資家が生半可な人物であるはずがない。インタビューが始まると、表情が一気に引き締まった。そして自らの成功の鍵をこう表現した。

「経済は機械のように動く。それだけを理解できればいい」

経済は好況と不況の間を不安定に行ったり来たりする。予測がきわめて難しい生き物のような存在だ。一般的にはそう考えられているが、ダリオの意見は違うようだった。

経済を動かす「からくり」さえわかってしまえば、決して得体の知れない存在ではなくなるというのだ。

経済はまるで機械のように、規則正しく動く。ダリオを突き動かしてきたのは、あらゆる知を総動員すれば、経済が切り開く未来を予見することができるという信念だった。

そんなダリオの真骨頂は、世界を襲う危機を事前に嗅ぎ取る能力にある。

リーマン・ブラザーズの経営破綻が危機の連鎖を招いた08年、ヘッジファンド全体の投資収益はマイナス20％と過去最悪に落ち込んだ。一方のダリオは危機を見越した投資戦略がことごとくはまった。旗艦ファンドの運用利回りは約12％のプラスを確保した。

その後の欧州の債務危機も予測し、10年が45％、11年が25％と圧倒的な成績を収めた。ダリオの得た報酬は11年だけで同年のファンド業界トップの39億ドルにのぼった。『フォーブス』誌が13年に発表した米資産家400人の長者番付で31位。資産総額は129億ドルにも達している。

「なぜ数々の危機を予言できたのですか？」

ダリオに問うと、「私は歴史から学ぶことにずっと忠実であろうとしてきた」と真剣な表情で答えた。

1920年代のワイマール共和国のハイパー・インフレーション、20年代末から30年代の米国の大恐慌、「英国病」といわれた60～70年代の英景気の停滞など、歴史をさかのぼって過去の危機を徹底的に研究してきたのだという。その中には80年代の日本の不動産バブルの経験も含まれる。

その共通の特徴を探り、今の世界に当てはめる手法が、読みの鋭さにつながっている。投資家はともするると日々の株価の値動きに目を奪われ、近視眼的になりやすい。「歴史は繰り返す」との確信があるダリオは、過去から学ぶことでこれから何が起きるかを予測し、大きな成功を収めてきた。

未来を予見するといってもイメージがつかみにくいかもしれない。たとえば、グリーンスパン元FRB議長が「100年に一度」と呼んだ08年の金融危機では、ダリオは次のように対応した。

「(金融機関の)常軌を逸した融資と巨額の負債という愚かな状態から、われわれは足を洗う必要がある」

07年半ば、ダリオは日々の顧客リポートで警鐘を鳴らした。当時の米国ではまだ多くの人が住宅価格は上がり続けると信じ、金融機関は十分な収入のない個人にまで住宅の購入資金を貸し込んでいた。そのいくつもの貸出債権をリスクに応じて切り分けたうえで証券化商品に仕立て上げ、顧客である機関投資家に売りさばいた。

ダリオは金融機関や個人が借金をめいっぱい膨らませた住宅市場のバブルが、いつか限界に達すると見抜いていた。

07年の年の瀬には、米財務省を訪れている。住宅市場が崩壊の憂き目にあえば銀行の損失は雪だるま式に膨れ上がり、「経営破綻の瀬戸際まで追い詰められる」――。来るべき未来を予見して、ダリオは懸念を直接伝えた。だがワシントンの当局者は、そこまで深刻な危機が迫っているとの想像力を働かせることはできなかった。

「今回はいつもの不況とはまるで違うだろう。金融機関のデレバレッジ（債務圧縮）が危機の引き金を引き、やがて経済全体に広がる。それは政府による銀行救済や、（金融緩和で緩やかなインフレを生み出す）リフレーション政策がもたらされるまで続くはずだ」。08年に入ると、ダリオの言葉のトーンはより深刻さを増した。

それからXデーがやってくるまでは、あまり時間がかからなかった。08年3月、極端な借り入れに依存していた経営が仇となり、資金繰りに行き詰まった証券大手のベア・スターンズをJPモルガン・チェースが救済買収した。同年9月にはリーマン・ブラザーズが経営破綻した。信用不安で金融市場はパニックに陥り、米政府は米銀大手への公的資金の投入に踏み込まざるを得なくなった。景気の底割れを防ごうと、FRBは08年12月に事実上のゼロ金利政策を導入し、やがて金融資産を買い入れる量的緩和の道を歩み出した。

いずれのイベントも、ダリオが予測したシナリオと寸分の違いもない。

マネーの「質への逃避」は不可避と見て、ブリッジウォーターは早い段階から米国債を買い入れていた。ドルなど通貨の信認が失われることも見越し、通貨の代わりの役割を果たす金にも投資した。その危機に備えた運用がことごとく実を結んだ。ダリオの名は、ウォール街だけでなく、世界の中央銀行にも轟くようになった。

失敗は成功の源

ありあまるほどの富を得たダリオだが、決して派手さを好む性格ではない。それはインタビューのときの謙虚な態度からも十分に感じ取ることができた。ウォール街でよくあるような贅の限りを尽くしたパーティーとは無縁だ。ウォーレン・バフェットと同じく、マイクロソフト創業者ビル・ゲイツが設立した慈善財団に個人資産の大半を寄付することを表明している。

世間から隔絶されたコネティカットの片田舎のオフィスにこもり、ダリオは忍耐強く思索を重ねる日々を送る。その姿は映画『ウォール街』でマイケル・ダグラスが演じる強欲な投資家ゴードン・ゲッコーなどとはおよそ対極にある。長身で端整な顔立ち。ピリッとしたスーツが似合いそうな容姿だが、オフィス内ではネクタイもせず、ジーパンにサンダルといった格好が多い。一点を見つめ、じっと考え込む姿はまるで「哲学者」のようだ。

ダリオはどうして卓越した投資家になり得たのか。浮き沈みの激しいファンド業界にあって、かくも長きにわたって生き残ってきたのはなぜか。

その成功の秘密を解く鍵が、ブリッジウォーターのバイブルともいえる「原理（プリンシプルズ）」に隠されている。ダリオが市場と向き合うなかで培ってきた思想や理念を、詳細にわたって書き記した100ページを超える文書だ。ブリッジウォーターに入社する社員には事前にすべてを熟読することが求められる。

この「原理」から外れたところでは、価値あるものは何も生まれない。成功はこれが正しく実践されてのみある。ダリオにはそんな確信がある（「原理」は同社のホームページから誰でも読むことができる）。

そのエッセンスは次の「公式」に凝縮されている。

苦痛＋反省＝進歩

厖大な分量の「原理」において、ダリオが強調するのが「失敗は成功の源」という考え方だ。人間の成功の鍵は、失敗を認めその原因を突き止めることで、学びの糧にすることにあるという。

そもそも失敗とは、現実をありのままに受け入れ、適切に行動することができなかった結果としてあるものだ。多くの人が過ちや弱さは悪いものだと考えているが、「それは大きな誤りだ」とダリオは主張する。なぜなら、失敗や過ちを通じて、人々には学ぶ機会が与えられるからだ。失敗したことと真摯に向き合い、苦い経験をどう乗り越えていけるかがその後の人生の決定的な違いを生む。

投資の世界で長らく戦ってきたダリオだが、自らの運用戦略がいつも正しいとは限らない。だいたい3分の1ぐらいは失敗といってもいいぐらいだ。なぜ失敗したかを学ぶことで、投資家としても成長できる。「私は過ちや、問題を愛している」。ダリオはそう語る。ある講演会では、こんな話をしたことがある。あるスキーのインストラクターが、バスケットボール界の巨人、マイケル・ジョーダンにスキーを教えてびっくりしたことがある。ジョーダンがスキーでミスをするたびに、それに深く感謝するような態度をみせたからだ。失敗は次の成長の機会になるという本質を理解していたからだろう。ダリオはこの話に深い共感を覚えた。

ダリオはまた真実から目を背けたり、恐れたりしてはいけないとも言う。真実とは現実を正しく理解することによって立ち現れてくるものである。たとえばあなたが不治の病にかかったとして、自暴自棄になってはいけない。どんなに残酷でもその真実に向き合い、残りの日々を悔いのないように生きることだ。

金融市場はゼロサムの世界でもある。誰かが勝てば、誰かが負ける。コンセンサスに沿っているだけでは、古今東西の投資家が目標としてきたアルファ（市場平均を超えた超過収益）を生み出すことはできない。

アルファを獲得するために、投資家は「単独の思考者」にならなければいけない。他人の声に惑わされず、自らの力で考え抜き、世界を見る視点を養う。その不断の試みが、市場で勝者になる条件だと訴える。

生き方の5カ条

ダリオの生き方は、ゴルフのキャディーをしていた12歳のころからほとんど変わっていない。ずっと大切に守ってきたのは次の五つのステップだという。

1　他人が望むことよりも、自分がしたいことのために働く。
2　目標を実現するために必要な自分なりの考えを持つ。
3　考えられる限りもっとも優秀な人々に対し、自分の考えをストレステスト（査定）にかける。そうすれば、その考えのどこに誤りやもろさがあるかが一目瞭然になる。
4　自信過剰になっていないか細心の注意を払う。
5　現実と正面から向き合う。もし誤りがあれば直し、さらなる進歩を図る。

ダリオの思想の根底にあるのは「徹底した現実主義」だ。現実を飾り立てたり、妄想をわずかでも抱くことを良しとしない。現実に即して自らの力で思考し、また現実に立ち返っていくこと。誤りがあれば素直に認め、同じような過ちを繰り返さないようにすること。その反復においてのみ、人間は成長することができる。

その生き方を「進歩はあっても、夢がない」という人もいるかもしれない。だがダリオは反論する――自らが現実に徹底してこだわるのは、それが夢を実現するための一番の近道だと知っているからだと。

世界を本当に変える力を持っている人たちは、何が実現可能かを見極め、そこに至る具体的なプロセスを描くことができる。一見壮大だけれども、実現可能性がほとんどない夢をわが物顔で語る人は、エゴの塊といわれても仕方がない。その情熱は、自然の摂理とも、宇宙の原理ともかけ離れてしまっているからだ――ダリオはそう考える。

ダリオが「原理」で書きつける言葉は、何度となく反復し、循環する。あっさりと読み流すことはできず、その分だけ言葉が身体にまとわりつくように強い痕跡を残す。

厳しい市場に打ち勝つための基本姿勢についても詳しい言及がある。ダリオによれば、偉大な投資家とは攻撃的でありながら、同時に守りも知っている。相場で大きな賭けに出ることもできるが、同時に恐怖の味も知り尽くしている。ただし、自らの感情が恐怖に支配され、市場に翻弄されることは決してないという。

このあたりは、「市場は主人ではなく、使用人にすぎない」と語るバフェットの言葉に通じるものがあるかもしれない。お金に関して感情的になってしまう人は、自分が何をやっているのかわからぬまま、相場の上げ下げに振り回されてしまいがちだ。みんなが買ったから私も買ったというのでは、市場に従属していることになってしまう。

バフェットがとらえる市場はこれとはまったく違う。市場は毎日、トレーに「価格」を載せてやってきてくれる存在にほかならない。これを受け入れるかどうかは、あなたの決断にかかっている。重要なのは自分が何を望んでいるかを知ること。それがわかれば市場は脅威ではなくなる。そう考えるバフェットと、ダリオの思想は、「市場に決して従属しない」という意味でも共通点がある。

両者に違いがあるとすれば、バフェットはバリュー株に投資する買い専門の投資家であり、ダリオは買いと空売りを組み合わせるヘッジファンドの運用者ということだ。

特異な企業文化

世界を読み解く能力に優れたダリオは、ブリッジウォーターを世界最大のヘッジファンドに育て上げた。その運用手腕もさることながら、特筆すべきはきわめてユニークな企業文化にある。

「真実にたどり着くには、とことんまで考え抜かなければいけない」

これがブリッジウォーターを貫く理念だ。社員には、同僚の考えを論理的に否定することが求められる。延々と続く会議では互いの論理の欠点を遠慮なく批判する。その容赦のないやりとりを経て、さらに完成度の高い理論に昇華させる。この作業が延々と繰り返される。そして論理がいつか否定の余地のないものにまで磨き上げられたとき、そこに真実が立ち現れる。ここまで到達しなければ、厳しい市場に打ち勝つことはできない、とダリオは考える。

ブリッジウォーターで重視されているのは、「徹底した透明性」でもある。社内で行われる会議は、ほぼすべて録音されている。ダリオと一部の経営幹部しか参加していない重要な会合も例外ではない。社員であれば、いつでもそれを聴くことができる。隠し立ては何ひとつあってはいけない。いくら優秀な頭脳を持っていても、互いの考えが共有されなければ真実から遠ざかってしまうからだ。

「上司」や「部下」の関係も、一般の企業とはあまりに違う。

「このあいだの会議のあなたの発言、少し傲慢だったんじゃないでしょうか」

経営幹部として中途入社したある男性社員は、入社後に部下からこう話しかけられて心底びっくりした。その若い社員の表情には遠慮もためらいもない。ブリッジウォーターでは、部下が上司を批判しても誰もとがめない。

毎週の投資戦略を話し合う会議も、単なる意見の交換という域を越えている。『ニューヨーカー』誌はダリオの特集記事で、ある日のこんな会議の風景を伝えている。

会議のテーマは「中国経済は過熱しているか」だった。

ある若い男性社員が「中国経済の減速は、世界の需給バランスにただならぬ影響を与えるはずだ」と発言した。

そこにダリオが割って入った。

「君はそれを明確な根拠を持って言っているのか」

「自分の知識をベースにした観測を語る場だと思っていたのですが」

社員が曖昧に答えると、ダリオはいらだつような表情を見せた。

「君は前からそうだ。自分に足りない部分があるのを認めようとしない。つい先日も、君が抱えている本質的な問題について話し合ったばかりではないか」

ダリオは執拗なまでに攻撃を続けた。

会議に参加していた約50人を前に、追い詰められていく若い男性社員。

「もう一度裏付けのある根拠を探してきます」

ついにはこんな言葉を残し、会議室を立ち去った。

「人間が抱えている最大の問題はエゴである」――ダリオにはこんな思いがある。エゴから自由にならなければ、物事を正しく見極めることはできない。だから「人格攻撃」と思われるようなことも、ブリッジウォーターの社内では奨励されるのだ。ウォール街の名門、モルガン・スタンレーに10年以上働いた後に転職してきた女性幹部はこう語っている。

「レイ（・ダリオ）ほど社員とともに過ごす時間の長い経営者は見たことがありません。また社員の多くが他人をおとしめようとすることはなく、よりよい人間になりたいと思って働いているのです」

社内政治を巧みに使い、ライバルを蹴落とすことでのし上がるウォール街とは別の世界がここにある。誰もがありのままの自分を他者に開き、その相互作用の中から「真実」にたどり着こうとする。その強固な企業文化が、ブリッジウォーターを際立つ存在にしてきた。

もちろん、「個の尊重」が重んじられる米国にあって、ダリオのやり方に違和感を抱く人も少なくはない。米国の投資情報誌は元社員のこんなコメントを引用した。

「ブリッジウォーターはカルトだ。世間から隔離され、カリスマ指導者に率いられている」

同社では入社して2年以内に約4分の1の社員が会社を去る。新入社員のほとんどが、ハーバード大学やマサチューセッツ工科大学（ＭＩＴ）といった米国の名門大学の出身者だ。ウォール街と比べても給料は十分に高いが、会社の独特な風土になじむのは容易ではない。

金融危機後に目立つようになった一部メディアのネガティブ報道に、ダリオ自身は危機感を強めている。優秀な人材を採用するうえでの障害になり始めているからだ。

「カルトと言う人がいるが、決してそんなことはない。われわれは自らの過ちに自覚的で、そこから学ぶ術を知っているというだけだ」

あまり表舞台に姿を見せないダリオだが、ここ数年は少しずつメディアへの露出が増えている。その大きな動機のひとつに、自社のイメージの改善があるのは間違いなさそうだ。

異端児がファンドを立ち上げる

ダリオはイタリア系アメリカ人として、49年にニューヨーク市内で生まれた。父親はサックス奏者のジャズミュージシャンで、母は専業主婦だった。

運命を決定づけたのは、12歳のときだ。近所のゴルフ場で始めたキャディーのアルバイトが、後に投資家として人生を歩むきっかけをつくった。当時ゴルフ場に来る客の多くは、ウォール街で働く羽振りのいいトレーダーたちだった。何気なく会話を聞くうちに、ダリオにも株式投資への関心が自然と芽生えるようになった。

生まれて初めて買ったのはノースイースト航空の株式だった。「自分が知っているなかで、株価が5ドル以下で取引されている唯一の銘柄だったから」だ。経営状態はよいとはいえなかった。だが運よく同社を買収する買い手が現れ、株価は瞬く間に3倍に跳ね上がる。幸運の女神はダリオにほほ笑んだ。「こんな簡単なものはない」。ダリオは12歳の若さで投資の魅力を肌で感じ取った。

バフェットは少年のころ、ゴルフ場のボール拾いで貯めたお金を株式投資の元手にした。米国のバリュー投資の大御所として知られるマリオ・ギャベリーも10代前半のときにキャディーのアルバイトで株式ディーラーと出会ったことが、投資を志すきっかけになった。米国を代表する有力投資家が、そろって若いころの「ゴルフ」を巡る体験を通じて、投資の世界に接近していたという事実は興味深い。

12歳という早熟の投資家だったダリオだが、学校では勤勉とはいえなかった。高校までの成績も頭抜けていたわけではない。ただ地元のロングアイランド大学に進むと、「金融」の講義を面白いと感じるようになった。それからは熱心に学問に励むようになり、卒業後にハーバード・ビジネススクールへの入学許可を得る。

このころ、ダリオは投資家としての人生を決定づけるもうひとつの大きな出来事に遭遇している。

時は71年。ハーバードに進む直前の夏休み、ニューヨーク証券取引所の立会場で短期間の仕事を得た。8月15日、ニクソン米大統領はテレビ演説で、電撃的にドルと金の交換をやめると発表した。後に「ニクソン・ショック」と呼ばれた出来事で、戦後の国際経済の枠組みを定めた「ブレトン・ウッズ体制」は崩れ去った。

「ドルと金の本位制」が瓦解する歴史的なイベントを、ダリオは米金融の総本山であるニューヨーク証券取引所で経験したことになる。パニックに陥った金融市場を目の当たりにし、ダリオは「ぞくぞくする感覚が止まらなかった」という。ドル急落という未曾有の通貨危機を目の当たりにし、通貨の持つ本質的な意味に深い思考を巡らせるようになった。

なぜニクソンは固定相場制を放棄せざるを得なかったのか。金融市場がこれだけの激変を事前に察知できなかった理由は？　金という支えを失って、ドルという通貨のあり方はどう変わるのか？

難解な問いがとめどなくダリオにわき起こる。このときを境に「私の人生にとって、為替市場は特別な意味を持つようになった」と語る。世界中に投資するダリオの運用スタイルはこのときにできあがったといってもいい。

ハーバードでMBAを取得した後、ダリオは証券会社で職を得る。大手銀行シティグループのCEOになったサンディ・ワイルが当時経営していた中堅証券で、商品先物部門を統括する立場に就いた。

「手数料が低くてやりやすい」という理由で当時誰も見向きもしなかった商品先物の取引を、ダリオは大学時代から個人的に手がけていた。70年代になると「オイル・ショック」で原油価格が急騰し、商品取引が突如として脚光を浴びるようになる。商品取引の経験があり、ハーバードMBAという学歴もあるダリオには引く手あまただった。

しかし、組織人としてのキャリアは長く続かなかった。74年の暮れには、上司と宴席で口論になり相手を殴ってしまう。同じころカリフォルニア州で開かれた商品先物の年次会合では、ストリッパーにお金を払い、出席者の前で裸にさせるという悪ふざけを敢行した。こうした素行の悪さが問題視され、ついには会社を解雇されてしまう。

ダリオは仕事で付き合いのあった顧客の何人かを説き伏せ、自分をコンサルタントとする契約を結んでもらう。そして75年、ブリッジウォーターと名づけた自分の会社を興した。まだ26歳のときだった。二つのベッドルームしかないマンハッタンの自宅アパートが、新しいオフィスになった。

国際商品価格が乱高下した70年代、多くの企業が頭を悩ませていた。石油や食品業界は、原油や穀物の不安定な値動きに振り回され、仕入れコストをなかなか確定させることができなかった。

ダリオは自身の経験を生かし、商品先物などを使っていかに価格変動リスクを回避することができるかを説いてまわった。今では当たり前だが、当時としては画期的なアイデアである。しばらくすると、マクドナルドなど大口顧客に恵まれるようになった。

世界経済や金融市場の深い分析を盛り込んだ顧客向けリポートも、口コミで広がっていった。85年には、世界銀行の年金基金がダリオに資金運用の一部を任せるようになる。当時の世銀の運用責任者は後に、「レイはマクロ景気の分析を実際の運用に結びつけられる数少ない人物の一人だった」と回想している。

エコノミストには明確な展望を持たず、景気判断をコロコロと変える専門家も少なくなかった。ダリオはこれとは対照的だった。景気の深い洞察と、それに対応した金融市場の具体的なポジションを明示するという一貫性で、すでに抜きん出た存在だった。

ダリオは米国債から国外の国債にまで投資先を広げ、リスクを減らしながら安定的に高い運用利回りが得られる戦略を推し進めた。当時では珍しい分散投資が評判を呼び、顧客である機関投資家の信頼を着実に得ていくことになる。

ちなみに、今では世界有数の投資家がこぞってブリッジウォーターに資金を預けている。シンガポール政府投資公社（ＧＩＣ）に代表される政府系ファンド、ＧＭなどの企業年金、そして米国の大手公的年金や大学の財団などだ。ただ小口の資金は受け付けておらず、大手の機関投資家でないとファンドに投資をすることはできない。

経済は機械のように動く

ダリオは長い投資家としての経験を経て、「経済は機械のように動く」という思想にたどり着いた。ただその言葉だけを追ってみても、その意味するところはなかなか判然とはしない。

いったい、人類の営みの総体としてある「経済」が、「機械」であるとはどういうことなのか。幸運なことにその本質を理解するための格好の教材が、われわれには用意されている。

ダリオは13年9月に「経済は機械のように動く」と題した30分のビデオを公開した(http://www.economicprinciples.org/)。アニメーションを駆使しながら、ダリオ自身が声をふき込み、わかりやすく経済の構造を解説していく。日本語版まで用意されているから驚きだ。

このビデオで明かされるダリオの世界観はどんなものなのか。少々長くなるが、できるだけ丁寧に説明してみよう。

ダリオが着目するのは、買い手と売り手の取引（トランザクション）というもっとも基本的な経済活動である。難しい数式があるわけではない。自動車でも指輪でも、不動産でも何でもいい。買い手は商品やサービスを売り手から購入する。このとき、買い手は現金（自己資金）で支払うこと以外に、もうひとつの方法がある。銀行からお金を借りたり、クレジットカードを使ったりして払うやり方だ。この信用（クレジット）に裏打ちされた借金による支出が、ダリオ流の経済学の根幹をなす。

わかりやすい例を挙げよう。Aさんの収入が年間1000万円で、借金はゼロだとする。社会的に十分な信用があり、銀行から年収の1割にあたる100万円を借りたとしよう。もしAさんがこの全額を、Bさんとの何かの売買で使ったとする。そうすると、Bさんが得られる収入は1100万円になる。

今度はBさんが1100万円の1割の110万円を借り入れる。新たに登場したCさんとの取引で、Bさんは総額1210万円を支払う。次はCさんの番だ。1210万円を元手にその1割の121万円を借りて、Dさんと取引をする。

このように取引が増えるにしたがって信用も膨張し、やりとりされるお金も増えていく。初めのAさんの段階では1000万円でスタートしたのが、順番にDさんにまで行ったときには金額が1331万円まで膨らんだ。これが信用創造と呼ばれるものだ。

借り手はできるだけお金を借りたい。相手に信用があれば、貸し手もできるだけたくさんのお金を貸して、金利収入を増やしたいとの動機が働く。

お金を借りて消費することの繰り返しによって、人々が借りるお金は増え、消費できる金額も増えていく。これが経済拡大のサイクルを生む。

問題はここからだ。当然のことだが、際限なく借金をすることはできない。どこかで信用創造は限界に達し、もうこれ以上は借りられないという局面が訪れる。信用バブルが頂点に達してしまったら、今度は借りることとは反対に、借りたものを返すことを最優先にしなければいけなくなる。

08年の金融危機は、返済する能力のない人にまで住宅ローンを貸し付けた信用バブルがはじけた結果として起きた。震源地である米国がその後に直面したのは、大量の借金を返済する「デレバレッジ（債務圧縮）」だ。ここまでくると経済は一転して縮小を余儀なくされる。

デレバレッジとは、収入に対してこれ以上借金ができなくなった状態を指す。消費者は支出を抑え、銀行は貸し出しをしぶる。不動産などの資産価格は下落する。信用はどんどんしぼみ、おのずと社会不安が高まっていく。

ダリオによれば、一般に不況と呼ばれるものは、たいてい短期の債務サイクルに基づいている。これは通常、期間が5〜8年程度。中央銀行が大胆な利下げをすることで最終的に不況から抜け出せることが多い。景気は一時的に大きく落ち込むが、経済全体が壊滅的な打撃を受けるわけではない。

もっと懸念すべきなのが、長期の債務サイクルだ。こちらの周期は実に75～100年にも達する。20～30年代の大恐慌や、08年の金融危機はこちらに当たる。

この場合は、中央銀行が利下げをしたぐらいでは抜本的な解決にならない。過剰な債務に端を発したデレバレッジが支配する局面では、仮に金利をゼロにしても、借り入れが増えて経済が持ち直すというシナリオは想定しにくい。

経済全体が借金の返済に追われ、消費に回るお金がどんどん減っていく深刻なデレバレッジから脱出するにはどうしたらいいのか。

ダリオは四つの方法を挙げる。

一つ目は個人や政府の「支出の抑制」だ。節約に努めれば、家計のバランスシートは時がたつにつれて改善する。スペインやイタリアなど南欧の債務危機では、各国が財政緊縮策を策定した。ただ、あまりに財布のひもを締めすぎると、需要と供給のギャップが広がり、経済全体がデフレに陥るリスクが高まる。

二つ目は「借金の削減」だ。これは往々にして債務の再編という形で起きる。デレバレッジの局面に入って、個人は初めて自分が実力以上にお金を借りすぎていたことに気づく。だが時すでに遅し。このときにはもう収入の伸びは見込めない。積もり積もった借金を返していくにはどうしたらいいのか。銀行から借り入れの一部を棒引きしてもらったり、あるいは返済の期間を長くしてもらったりすることが必要になるだろう。貸し手にとっての負担は大きく、これもまたデフレにつながりやすい。

三つ目が「富の再分配」。経済が縮小すれば政府の税収は減る。政府が生活に困った中低所得者への支援を十分にできなくなると、社会不安を招きかねない。そこでターゲットになるのが富裕層だ。潤沢な資産を持つ富裕層に対して増税する。それを貧しい人々に回すことで社会の均衡を保つやり方だ。

四つ目が「紙幣の増刷」。政府の財政が悪化し、個人の家計も縮小するばかり。窮地に陥った場面で、唯一、自由に動けるのが中央銀行だ。金利をゼロまで引き下げるとともに、紙幣の増刷による量的緩和を実施する。国債などの金融資産を中央銀行が買い取って中長期金利の低下を促し、より高い利回りを求めてマネーが株式などリスク資産に流れやすくする。株高などの資産効果でお金が消費に回る余力も生まれる。

ただ際限なき紙幣の増刷はインフレのリスクと隣り合わせだ。1920年代のドイツは、第1次世界大戦後の賠償金の支払いのため大量に紙幣を増刷した。これが通貨の信認を低下させ、ハイパーインフレを招いた。

ダリオの考えでは、はじめの三つはデフレを招きやすく、四つ目めはインフレにつながりやすい。大事なのはこの四つの方法をバランスよく組み合わせ、社会全体が抱える債務を持続的に減らしていくことだ。名目の経済成長率（物価上昇率＋実質成長率）が、名目金利を上回る状態を長くつくり出せれば、経済はいずれ暗いトンネルから抜け出すことができるはずだ。ダリオはこれを「美しいデレバレッジ」と呼ぶ。

しかし、もし中央銀行が積極的な金融緩和をしぶったりすれば、「醜いデレバレッジ」が起きる。深刻なデフレから抜け出すことができず、景気の低迷はさらに長期化してしまう。90年代前半の不動産バブル崩壊から、20年にわたる低成長の時代を経験してきた日本が、何よりその事実を物語る。

危機は再びやってくる

「経済はこんなにシンプルなものなのに、ほとんどの政策当局者が気づいてこなかった」――。ダリオは30分のビデオに経済をどう読み解けばいいかのエッセンスを盛り込んだ。ビデオの公開は、ダリオという希代のマクロ投資家の存在を世間一般に知らしめた。

金融危機時に米財務長官として陣頭指揮を執ったヘンリー・ポールソンは、インターネットのリンク先が載ったメールを仲間たちに送った。米格付会社の著名アナリストは、顧客向けレターで、「これほど重要でわかりやすい経済理論は目にしたことがない」と興奮気味に書きつけた。早速、社会人になった息子たちに観ることを勧めたという。

不思議なのは、なぜダリオが自らの経済理論を公にしたかということだ。金融市場で勝ち続けることの厳しさは誰よりわかっているはず。エコノミストや政治家も気づかない視点を獲得して投資の世界で成功してきたのに、その秘密を外部にもらすことはマイナスにならないのか。

「将来に過ちを繰り返さないためにこれをつくった」。13年11月、『ニューヨーク・タイムズ』紙が主催した金融会合でダリオは自らの思いを口にした。07年末には米財務省にまで足を運び、未曾有の金融危機のリスクに警鐘を鳴らしたが、まともに受け取ってもらえなかったのは前述した通りだ。

危機は再びやってくるのは歴史が証明している。ダリオは信用の膨張と収縮という視点で世界を見る目が社会全体に養われることを願う。そうすれば、リーマン・ショックのような深刻な危機を回避できるかもしれない。

この会合では金融市場の先行きについて性急な答えを求めるモデレーターに対し、「魚だけをあげても意味はない。魚を手に入れるための釣りの仕方から話したい」と語りかけた。そのうえで満員の聴衆に、なぜ経済は機械のように動くのかを粘り強く説明した。

「インフレファイター」として名をはせたポール・ボルカーFRB元議長はダリオの理解者であり続けてきた。今回のビデオについても、「信用創造の行きすぎに光を当て、デレバレッジの痛みを和らげる方策にも詳しい」と高く評価している。

だが経済理論の構築が、そのまま投資の世界での成功を約束するわけではない。ボルカーがもっとも称賛するのは、今の経済が債務サイクルのどこに位置するのかを正確に分析するダリオの能力そのものにある。

ブリッジウォーターは金融や商取引に関するあらゆるデータを収集する。銀行の融資から、株式市場における買い手と売り手の状況、企業の商取引までを網羅する。世界の森羅万象のデータを集め、経済全体でどれほどの債務が積み上がっているのかを計測する。

その細部のこだわりについて、ボルカーは「FRBよりも精緻で、正確な分析をしている」と評する。ブリッジウォーターが毎日発行する顧客向けのレターは、FRB内部でも必読の資料になっているという。根拠となるデータや事象を執拗なまでに積み上げ、現在の景気の正確な立ち位置から未来を予見するダリオの試みは、他の追随を許さない。

FRBの称賛と不安

彼は今の世界を、「巨額債務を抱える先進国」と、「圧倒的な債権者である新興国」という2項対立でとらえている。バブルの崩壊が金融危機を招き、先進国は当面、デレバレッジの状態が続く。その点で、財政面で余力のある新興国はより優位な立場にある。

米国による一極支配の構図は崩れ、ドルはいずれ基軸通貨の役割を終えるというのがダリオの長期シナリオでもある。もっとも、先進国経済が再び危機に陥るようなら、資本流出などの形でただちに新興国にも悪影響が及ぶ。ダリオは先進国がダメで、新興国が有望

FRBのバランスシートは金融危機後に膨張した

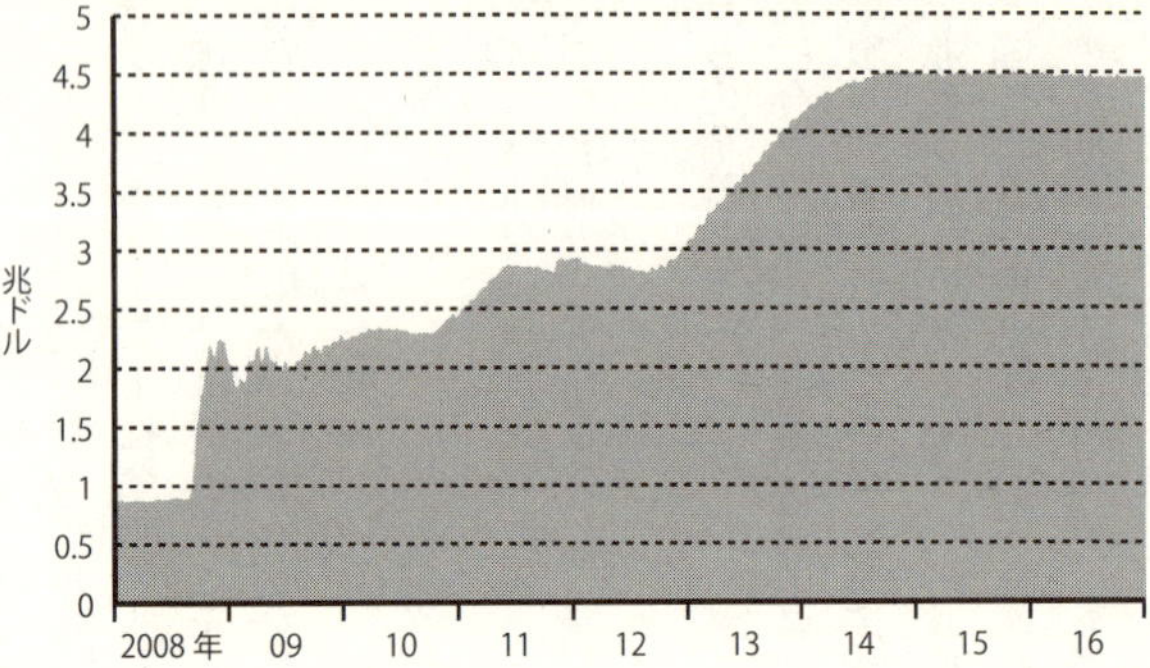

出所：FRB

という単純な構図を描いているわけではない。

デレバレッジに直面する先進国にも、温度差はある。ダリオが描く「美しいデレバレッジ」にもっとも近いのは米国だ。

金融危機後に紙幣の大量増刷に踏み切ったバーナンキ前ＦＲＢ議長は、ダリオには「世界経済を大恐慌から救った金融政策の達人」と映る。バーナンキがいなければ危機はもっと深刻になっていただろう。信用不安が長引いて市場の流動性は枯渇し、金融機関以外の民間企業にも経営破綻が及んでいたかもしれない。

ＦＲＢはすばやく金利を事実上のゼロまで引き下げ、米国債や住宅ローン担保証券（ＭＢＳ）を大量に買い入れる量的緩和を実施した。これによってマネーが株式など、よりリスクの高い資産に流れやすくなる状態が生まれた。

一方で米政府は財政支出の抑制にも動く。米経済は先進国でもっとも早く正常化の道を歩み出した。米国が将来、日本のような長期にわたるデフレの泥沼にはまらなくてすむ可能性は高い。

ただし、ダリオは手放しで米国を称賛しているわけではない。危機後のＦＲＢの決断は正しかったが、08年のリーマン・ショックからかなりの時が過ぎ、量的緩和の「限界」もちらつき始めている。

ＦＲＢは政府のように財政支出でインフラを整備したり、困っている人に財政支援したりすることはできない。できるのは市場から国債などを買い入れる量的緩和によって金利低下を促し、より高い運用益が期待できる株式市場に資金が回りやすくすることだ。株高になれば、株式を持つ個人の金融資産の価値が増える。懐具合のよくなった個人が消費にお金を回し、それが雇用などの実体経済を改善させる。ＦＲＢが絶え間ない紙幣増刷で狙っているのは、まわりくどい経済効果だ。

ＦＲＢの大胆な金融緩和もあって、米国株は最高値を更新した。しかし、株高による資産効果が個人消費を刺激するという実体経済への波及効果は日ごとに薄れつつある。どんなに緩和のアクセルを吹かしても、いつまでも株価を押し上げられるわけではない。少なくとも今後数年は、株式相場は年平均で４％程度のリターンしか生み出すことはできないというのがダリオの見立てだ。

ＦＲＢの量的緩和の「神通力」は確実に効力を失いつつある。ダリオは13年11月の投資家向けの書簡で「われわれを不安にさせるのは、FRBの燃料タンクにほとんどガソリンが残っていないのではないかという疑念だ」と記した。FRBの燃料切れが誰の目にもはっきりしたとき、市場はどう反応し、経済はどんな打撃を受けるのか。ダリオはFRBの限界論にも思いを巡らせている。

欧州の「失われた10年」

期待と不安が交錯する米国とは対照的に、欧州の将来については悲観的である。ユーロ圏は各国がそれぞれ財政政策を決めているが、単一通貨ユーロのもと、金融政策を策定する中央銀行は欧州中央銀行（ECB）ひとつしかない。このため各国の必要に応じて、適切な金融緩和をすることができない。ユーロ圏では深刻な財政問題を抱える南欧諸国と、景気が底堅い盟主ドイツとでは求められる金融政策が違う。この矛盾を市場がつく形で、10～11年に南欧諸国を震源にした債務危機が表面化した。

ダリオは「欧州の失われた10年」は避けられないと考えている。とりわけスペインやイタリアなど南欧諸国のデレバレッジはまだ始まったばかりだ。南欧政府には財政支出の余力はない。域内の銀行も自らの財務改善が待ったなしで、融資を増やす余裕などない。またダリオは、失業率が高く、財政の健全化が遅れるフランスについても、かねて懸念を表明している。

日本復活の条件

先進国の中でもっとも深刻なデレバレッジに直面してきたのが日本だ。80年代後半の不動産バブルの傷跡は深く、大量の不良債権を抱えた銀行の損失処理が遅れた。日本は20年にわたるデフレを経験してきた。

ダリオに12年に直接インタビューしたときには、日本についてこう指摘していた。

「国民の貯蓄率の高さもあり、日本政府は長い間、（国債発行による）資金調達に苦労してこなかった。だが、社会の高齢化が進むにつれて貯蓄を取り崩す動きが広がれば、日本国債の需給バランスは崩れてしまう」

「日銀が紙幣を増刷して量的緩和を実施し、円安にすることが負債の圧縮につながる。何もしなければ今後2〜3年で日本の債務問題は深刻な状況になるだろう」

ダリオの懸念は、日銀も共有していた。

日銀は13年4月に黒田総裁のもとで強力な金融緩和に踏み切った。12年後半まで1ドル＝70円台まで急騰していた円相場は、その1年後の13年後半には100円台を割り込む水準まで円安・ドル高が進んだ。

日銀が導入した大規模緩和は、金融市場に供給するお金の量を2年で2倍にするというもの。まさしくダリオが指摘した通りの展開になったわけだが、本人は日銀の方針転換をどう評価しているのか。

「日銀の大規模緩和の効果はいずれ薄らいでいく。もう一段の積極策が必要だ」

ダリオはある講演会でこう語っている。日銀の緩和策には一定の評価をしつつも、まだまだできることはあるとの見方だ。

ダリオはこれまでもデレバレッジを解消するためには、名目成長率が名目金利を上回る状況をつくり出し、GDPに対する負債の比率を減らしていくことが肝要だと訴えてきた。日本復活には、日銀が長期金利を低く抑え、国全体として成長率を向上させる不断の取り組みが必要だと考えているようだ。

新興国に差し込む影

13年9月、ニューヨーク市内にある日米交流団体ジャパン・ソサエティーのホールは多くの参加者で満席になった。お目当てはダリオだ。

定期的に著名な企業経営者や学者らが講演会を開いているが、この日はいつもの和やかなムードとは違い、スーツを着た男たちの姿が目に付いた。そのうちの一人は、ジョージ・ソロス率いるソロス・ファンド・マネジメントの運用担当者だった。

「彼が今どんな相場観を持っているのか知っておきたかったから」

出席した理由を聞くと、こんな答えが返ってきた。ファンドや大手の金融機関の幹部など約300人がダリオの声に耳を傾けた。

壇上のダリオはいつものように「なぜ経済は機械のように動くのか」を一から丁寧に説明していく。信用創造による借り入れで膨張した経済はいつか臨界点にたどり着き、その後はデレバレッジによる長い低迷期が訪れる。スライドを使った説明に、聴衆がじっと聴き入る。

質疑応答で各論に入った。この日のダリオは、新興国の将来をどう見ているかに多くの時間を割いた。その展望は決して明るくはなかった。

「新興国に危機の足音が迫っています」

ダリオは語りかけた。13年5月にバーナンキFRB議長が量的緩和を縮小する可能性に言及すると、世界的に緩和マネーの巻き戻しが起きた。最大の標的になったのは新興国だ。海外マネーが大量に流出し、多くの新興国の通貨が急落した。

このあたりから、投資家の新興国を見る視線は変わった。高い成長が期待できる約束の地から、まだまだ地盤の緩い不安定な投資先へと評価を「格下げ」した。ダリオは特に「(対外的な)支払いのバランスで問題を抱えた」国々が深刻な問題に直面するだろうと警告した。ブラジル、インド、インドネシアなど、経常収支が赤字の新興国に対して懸念を示したものとみられる。

会場からインドについて質問が飛ぶと、ダリオは「(投資家は)最悪の事態に備えるべきだ」と警鐘を鳴らした。かねて信用バブルが指摘される中国についても慎重だった。新興国の成長鈍化は株式市場にも打撃を与えるとして、新興国株にも弱気な姿勢を示した。

もうひとつ、このときの講演でダリオらしさが端的に表れた場面があった。質疑応答の際、ダリオはこう訴えた。

「皆さんの誰一人として、私に礼儀正しくあろうなどとは思わないでほしい。さあ、私に挑戦してください」

通り一遍の質問ではなく、ダリオが描く世界像を根本から否定するような視座を示してほしいという注文だった。互いが真剣に考え、その結果としてある意見の不一致は、新たな真実を見つけるきっかけになる。ブリッジウォーターの根幹をなす思想であり、どんなときでもそうした姿勢を失わないダリオの姿を垣間見た瞬間でもあった。

有望なのは金投資

先進国がデレバレッジに直面し、新興国も盤石とはいえない。そんな不安定な時代に、投資家はどこに活路を見いだせばいいのか。ダリオが出したひとつの答えが「金投資」だ。

ヘッジファンドには、特定の市場や企業に集中投資することで高い収益を狙う投資家が多い。ダリオはその逆だ。常時、100以上の世界中の金融資産に投資をし、極端なリスクを取らないようにする。この分散投資を徹底する過程で外せないのが金投資だという。

日米欧の金融緩和もあり、世界にはマネーがじゃぶじゃぶにあふれる。既存の通貨の価値が見えにくくなるなかで、代替通貨としての役割を持つ金を保有しておくことは理にかなう。運用資産の1割ほどを投資しておけば、リスクヘッジとしても機能する。「経済や歴史を知っているならば、金をまったく持たないということの合理的な説明は成り立たない」とダリオは語る。

かつて米メディアのインタビューで、次のように問われたこともある。

「金そのものは何も生み出さないと、あのバフェットは金投資に懐疑的です」

そのとき、ダリオはこう切り返した。

「この点についてはバフェットが間違っていると言わざるを得ない。金は現金の代替資産であり、運用リスクをヘッジするにはきわめて有効だ」

ポピュリズムの時代

16年11月、大方の予想を覆して、ドナルド・トランプが米大統領選に勝利した。ワシントンの決められない政治を容赦なく批判し、「米国を再び偉大にする」というスローガンを掲げたトランプ。米国第一主義を掲げ、改革に意欲を燃やす。

トランプの時代に投資家はどう向き合うべきなのか。この問いはダリオにとっても切実な意味を持つ。

金融危機後、世界の金融市場に有形無形の影響を与えてきたのはFRB、ECB、日銀という中央銀行だった。

ダリオはこの中銀の金融政策が支配する構造が根底から変わる時代がやってくるとみている。むしろ、中心テーマにすべきなのは、これまでの世界を成り立たさせてきた価値観や秩序とは正反対の施策を矢継ぎ早に打ち出すトランプの政策だ。

トランプが重視しているのは、製造業に代表される米国の伝統的な産業の復興だ。その保護主義的な政策によって、これまでの世界経済の成長をけん引してきたはずのグローバル化や自由貿易は、自国の利益を最優先にした保護主義に取って変わらざるを得ない。

オバマ前政権は財政出動に控えめだったが、トランプは「極端な財政拡張を主導するだろう」とダリオはみる。

トランプの政策がマクロ景気や金融市場のあり方にも大きな影響を与えるのは確実だ。ダリオによると、トランプ前が「低成長、低インフレ、低金利」に特徴付けられていたのに対して、トランプ後は「成長の押し上げ、高インフレ、金利上昇」に劇的に変化するはずだとしている。30年にわたって続いた債券の強気相場は、トランプをきっかけに潮目が変わっていく可能性が高い。

無論、株式市場には追い風だ。法人税の減税策や規制緩和とも相まって、企業の収益率は大幅に高まる。ダウ平均が17年1月に史上初めて2万ドルの大台を突破したのも、企業の利益の拡大を織り込んでのものだ。

こうして見てくると、トランプの時代はそれほど悪いものではないのかもしれない。ダリオも大統領選後しばらくは安易な予測はできないと断りつつも、トランプ政権の誕生が景気を押し上げる前向きな効果をもたらしうると評価していたフシがある。

だが、17年1月にトランプが正式に米大統領に就任し、イスラム圏7カ国からの入国などを禁じた大統領令の発令など過激とも映る政策を実行に移すにつれて、警戒感をあらわにするようになった。

「中央銀行よりも市場参加者が注視しなければいけないのは、ポピュリズム（大衆迎合主義）だ」

ポピュリズムは極端に走りやすい。それはトランプ政権の政策を見ても明らかだ。英国の欧州連合（EU）離脱をきっかけに、欧州でもポピュリズムが台頭し、移民制限などの政策が多くの支持を集めている。

ダリオはそこかしこで広がるポピュリズムが、中銀に代わる市場の最大のテーマとなっていくとみる。その過激な政策は世界経済の成長に打撃を与える恐れもある。

「ポピュリズムは私に恐れを抱かせる」

ダリオは17年に入ってからこんな言葉を繰り返すようになっている。

「瞑想」を友に

13年、ダリオがニューヨーク市内の会合にメインスピーカーの一人として登場した。金融危機の内幕を描いた『リーマン・ショック・コンフィデンシャル』の著者で、気鋭の金融ジャーナリストであるアンドリュー・ロス・ソーキンの問いに答えて言った。

「私の人生で成功のもっとも大事な要素は何かと問われたら、それは瞑想のほかにはありません」

冗舌とはおよそいえないタイプだが、ダリオは瞑想について語るときだけはいつも雄弁になる。

出会いは20歳のときだった。時あたかも60年代末、『路上』を書いたジャック・ケルアックに代表される、既存の価値観に異を唱える文学の新潮流「ビート・ジェネレーション」が時代の先端を走っていた。自由と解放を掲げたヒッピー運動に象徴される「カウンター・カルチャー」の最盛期に、ビートルズは憧れのインド旅行で瞑想にどっぷりと浸かった。

ほかの多くの学生と同じようにダリオもビートルズの体験に影響を受け、何気なく瞑想をはじめた。それが彼の人生に決定的な変化をもたらすようになるとは、もちろん想像もしていなかった。

ダリオは語る。

「瞑想をはじめて以来、自分の中にしっかりとした中心ができるようになった。曇った窓ガラスを通して外の世界を見ていたのが、ガラスの曇りが取り除かれて、世界がはっきりと見えるようになった」

毎朝20分間、静かに目を閉じる。それだけで心が落ち着き、まるで武道の達人のように、しなやかな身のこなしで物事に対処できるようになったという。創造性がみなぎり、投資家として成功することができた。ダリオが瞑想をはじめて40年以上の月日が流れたが、今でも毎朝じっと座る日課を欠かさない。

瞑想は「純粋な科学」であり、宗教や神秘主義とは一切関係ないとの立場を取る。自分という存在を正しく理解し、自分らしく生きるための心の訓練というとらえ方だ。

何かをやろうとするときに、「人がそれをどう思うかを気にしていては十分な成果を上げることはできない」。瞑想によって本来の自分に立ち返り、自分の内からわき上がるものに忠実に行動することが大事だと、ダリオは説く。

日々の瞑想が人生の成功につながったというダリオの体験は、ウォール街にも少なからぬ影響を与えている。先のソーキンもダリオに触発されて瞑想をし、「アクティビスト」として知られるサード・ポイントのダニエル・ローブもダリオに感化されたとされる。男性誌『GQ』は、瞑想が人生に成功をもたらすという趣旨の特集を組んだ。この中で、もっともめざましい活躍を遂げる人物としてダリオが紹介された。

ダリオはきわめてユニークな存在であり、ヘッジファンド業界でも異彩を放ってきた。「レイ・ダリオは投資の世界のスティーブ・ジョブズか?」。ある有力な米金融業界誌がかつて、こんなタイトルの巻頭特集を掲載したこともある。

ジョブズは数々のイノベーションを成功させ、アップルを時価総額で世界1位に押し上げたカリスマ経営者だ。11年、病のため惜しまれながら56歳の若さでこの世を去った。投資とITと分野は違えども、自らの力で業界トップに上り詰めた二人。たしかに両者には多くの似通った点がある。

周囲の意見に惑わされず、自分の力で真実を追究しようとする姿勢。自らにも、社員にも一切の妥協を許さない点も同じだ。ジョブズは満足のいく仕事のできない社員を人目もはばからずに怒鳴り散らした。ダリオは長時間の定例会議で、生半可な考えしか示すことのできない社員を徹底的に追い詰める。

二人とも顧客に迎合することを好まない。ジョブズは、消費者のニーズを把握したうえで商品を開発するようなマーケティングの手法は取らなかった。本当にいいものを創造すれば、顧客はおのずとついてくるという考えの持ち主だった。

ダリオも似ている。投資家が長期にわたって安定した収益を上げるには、特定のリスクを抱え込まない分散投資が欠かせない。そんな信念を貫き、創業以来、安全資産とされる債券投資にばかり偏っていた顧客の固定概念を打ち破ってきた。今の世の中では当たり前になった分散投資の先駆けだ。ジョブズもダリオも、自らの創造性を最大限に発揮して、新たな時代を切り拓いたといえる。

ジョブズがビートルズに影響を受け、禅に深く傾倒していたのはよく知られた話だ。ダリオも瞑想を通じて自我の深みに降り立ち、ありのままの自分が欲するものに忠実であろうとしてきた。東洋的な「黙想」を愛したという点でもぴたりと一致する二人。ダリオがジョブズと重ねられるのも、決して理由のないことではないのかもしれない。

運用界のカリスマはこれからも、世界とどう対峙していくのか。その「予言」を世界の市場関係者がかたずをのんで見守っている。

第3章 Daniel Loeb ダニエル・ローブ

米国を代表するアクティビスト（物言う株主）。1995年にサード・ポイントを創業。こわもてで知られ、2012年には投資先のヤフーのCEO更迭を主導した。アベノミクスによる日本の変化を期待し、ソニーやセブン&アイ・ホールディングスにも投資してきた。運用資産は約140億ドル。

写真©ロイター／アフロ

大物アクティビストの日本上陸

ロープの教え

○誰にも負けない投資の情熱を持つ
○自説を曲げない信念の強さが大事
○ヨガと瞑想は思考を鮮明にし、投資を成功に導く
○投資でたくさんのことを知っている必要はない
○相場の局面ごとにもっとも重要な本質を見極める能力を持つ

標的はソニー

世界随一のカジノ都市ラスベガス。最高級ホテル「ベラージオ」は、目抜き通りストリップの中心部にそびえ建つ。13年5月、巨大な噴水ショーでも知られるこの豪華ホテルに、2000人近くのヘッジファンド業界の面々が集まった。

米国のファンド・オブ・ファンズ大手が主催した「スカイブリッジ・オルタナティブス（SALT）コンファレンス」だ。VIPだけを集めたプライベートディナー、プールサイドで深夜まで開かれたカクテルパーティー。高級ジャケットを着た男性陣に混じり、美しいドレスを身にまとった女性たちもいる。息をのむような華やかさは、金融危機のどん底にあった数年前の出来事が幻だったかのような錯覚を抱かせた。

昼間の会合では有力投資家だけでなく、サルコジ元仏大統領や俳優のアル・パチーノといった多彩な顔ぶれが演壇に立った。「ウォール街のどんちゃん騒ぎ」（ニューヨーク・タイムズ紙）との表現がふさわしい4日間だった。

浮き沈みを繰り返しながらも、独自の嗅覚で貪欲に収益機会を探し求めるヘッジファンド業界。この場でもっとも注目を集めた人物の一人が、サード・ポイントの創業者ダニエル・ローブだった。

140億ドルという巨額の資金を運用するファンド業界の旗手であり、経営陣に改革を突きつける「物言う株主（アクティビスト）」の顔も持つ。ローブが触手を伸ばしたというニュースだけで、投資先の企業の株価は大きく上がるほどだ。市場に与える影響力は誰もが認める。

次の一手はどこなのか。聴衆の期待を背負い、ローブが壇上に上がった。そして、こう言い放った。

「日本株の上げ相場にはまだまだ先がある」

ローブが強気と断言したのは本国のアメリカではなく、日本だった。

「安倍政権が主導権を握り、日本の構造改革にも進展がみられる」

日銀は未曾有の金融緩和に踏み切り、これからも円相場は水準を切り下げるはずだ。円安と株高に賭ける投資戦略は今後も有効だと力説した。メディアが閉め出されたローブの講演。終了後に会場を出てきた参加者にぶら下がった金融記者たちが、「ローブ、日本株に強気」と一斉に報道した。

だが、話はそこで終わらなかった。

会合を終えたローブは、間を置かずに国外に飛び立った。向かった先は東京。そこで、世界中が驚く新たな投資アイデアを披瀝した。

日本を代表するグローバル企業、ソニーへの大型投資である。

5月14日午後、ローブは事前の約束通り、品川のソニー本社で平井一夫社長兼最高経営責任者（CEO）と会った。この場でサード・ポイントがソニー株の実質約6％、時価に

サード・ポイントはソニーにエンタメ部門の IPO を要求した（14 年 5 月、経営方針説明会に臨むソニーの平井一夫 CEO）。　写真：AP ／アフロ

して約11億ドルを保有していることを明かした。

ロープは平井に、映画・音楽などエンターテインメント部門の高い価値が、不振のエレクトロニクス事業に埋もれたままだと訴えた。そして、エンタメ部門の東証一部上場を柱とした経営の改善策を盛り込んだ書簡を手渡した。エンタメ部門の子会社株の15～20％をソニーの既存株主に割り当てて上場を果たせば、「6250億円の価値を生む」と独自にはじいたものだった。

この報道を受け、ニューヨーク株式市場のソニーの米預託証券（ADR）は前日より一時20％近くも急騰した。ラスベガスで日本に言及してウォール街の関心を引き、立て続けに東京でソニー株の大量保有を公にする。一連のイベントが、綿密に計算されたものであったことは間違いなかった。

柔軟な投資姿勢

ローブが日本株投資に乗り出したのは12年の秋からだ。9月に安倍晋三が自民党総裁に返り咲き、12月には総選挙で大勝した。第2次安倍内閣が打ち出した、三つの矢を柱とする経済政策「アベノミクス」で「日本は変わる」と読んだ。そして、もっとも有望な投資先として照準を定めたのがソニーだった。

米国でうるさ型の株主として高い知名度を誇ってきたローブは、日本投資を始めるにあたっても周到に準備していた。

ソニーの平井に会うのと前後して、首相官邸で官房長官の菅義偉とも会談した。日銀や財務省にも足を運び、アベノミクスの熱心な支持者であること、日本が変わるためには、経営者が株主を重視するコーポレート・ガバナンス（企業統治）の向上が欠かせないことなどを熱弁した。

「物言う株主」として過去に日本市場をにぎわせた存在といえば、真っ先にスティール・パートナーズのことが思い浮かぶ。06～07年ごろが全盛期で、ブルドックソースやサッポロホールディングスなどの株式を大量に保有し、経営陣の刷新といった強硬な要求を突きつけた。

「日本企業を教育したい」

スティール代表のウォレン・リヒテンシュタインが07年の都内の会見で放った一言は、今でも語り継がれる。日本の経営者に対し、上から目線で語る姿勢は猛反発を浴びた。日本での「外資アレルギー」に拍車をかけ、スティールの運用成績も低迷した。金融危機の打撃も重なり、やがて日本からの撤退を余儀なくされた。

ローブはこの点において、賢い投資家だ。ソニーにエンタメ部門の上場案を突きつけつつも、平井の経営手腕には賛辞を送った。政府や役所の要人にも会い、サード・ポイントが日本の敵ではないことをアピールした。徐々に外堀を埋め、対話姿勢を維持しながらソニーに経営改革を迫る。これまで日本投資がうまくいかなかった外資ファンドの苦い経験も踏まえ、日本という特殊な市場をどう攻略するか。ローブには、状況に応じて投資のやり方を変える柔軟さがある。

埋もれた価値

ローブがソニーのエンタメ部門に目をつけたのは的外れとはいえない。共同創業者の盛田昭夫が主導し、89年に名門コロンビア・ピクチャーズを巨額の資金を投じて買収したが、その後は放漫経営がたたり、90年代半ばまで低迷が続いた。

だが、有力テレビCBSでプロデューサーの経歴を持つハワード・ストリンガーを引き抜くと状況は変わった。効率を重視する経営に変わり、安定してヒット作が生まれるようになる。エンタメ部門はやがて、ソニーの屋台骨を支える存在になった。

対照的に下降線をたどったのが、中核のエレクトロニクス事業である。デジタル時代で価格下落に歯止めがきかず、液晶テレビなどが恒常的に赤字を計上するようになった。同事業は14年3月期までの過去10年のうち、6年が最終赤字という低迷ぶりだ。

ローブはこのアンバランスな収益構造に着目した。日本に本社を構えるソニーに関しては、同社をカバーする担当アナリストの目線もとかく不振のエレクトロニクス部門に向かいがちだ。

このため、安定した収益を上げているエンタメ部門は、株式市場で適切に評価されているとはいえない。割安株を探すバリュー投資家にとって、「埋もれた価値を顕在化させる」のは至上命題でもある。ソニーの場合、エンタメ部門の株式をわずかでも上場させれば、株主に大きな利益をもたらすだろうとローブは読んだ。

だが、ソニー経営陣はローブの提案を拒否する。平井は「ONE SONY」という経営理念を掲げている。エレクトロニクスとエンタメの一体運営は欠かせず、将来のエンタメ部門の切り離しにつながりかねない一部上場は得策でないと判断したためだ。

ただし、ソニーもゼロ回答はしなかった。ローブが不透明と批判したエンタメ部門の情報を透明にすると約束したのだ。その後も約2億5000万ドルのコスト削減策を打ち出し、サード・ポイントへの配慮を見せた。

ローブは14年1月の投資家向けの書簡で、分離上場の拒否は「ソニーの株主に痛手になった」と指摘した。さらに「パソコンやテレビ事業の再編についても多大な労力をかけて進めていく必要がある」と注文を付けた。

平井は業績不振を受けて、2月の決算説明会で「VAIO（バイオ）」ブランドで展開するパソコン事業を売却する計画を明かした。さらにテレビ事業を分社して子会社にすると発表した。株主の攻勢もあってエレクトロニクス部門の再編にようやく踏み切った形だが、改革のスピードが遅いという声はいまだ消えない。

アベノミクスを評価したローブは、ソニーにとどまらず、投資先を次々と広げている。13年11月にはソフトバンク株を大量取得したことを明らかにした。関係者によれば、投資額は10億ドルを超える。米携帯3位のスプリント買収など、ソフトバンクの積極的な海外戦略を高く評価してのものだ。

「ソフトバンクを率いる孫正義氏は、価値を創造することのできる世界でも有数の経営者である」

投資家向けの書簡でソフトバンクを激賞したローブは、実際に孫とも会い、その経営戦略に強い共感を覚えたという。さらに14年に入ると、IHIへの投資も公表した。

サード・ポイントはこれまで米国市場を中心に投資してきたファンドだ。安倍政権に前向きとはいえ、なぜ日本にここまで強い関心を抱くようになったのかという疑問は残る。この問いを解くには、金融危機からのローブの軌跡を振り返ってみる必要がある。

危機のどん底から復活

08年9月にリーマン・ブラザーズが経営破綻し、信用市場は崩壊の瀬戸際に立たされた。売りが売りを呼ぶパニックが収まらず、投資家はなりふり構わず投資資金の回収に走った。同年7～9月、ヘッジファンドの清算本数は300本を超え、四半期ベースで過去最高に達した。

ローブはこのとき絶望の淵にいた。買い持ちしていた投資先の株価がことごとく急落し、08年の投資収益は3割以上のマイナスになった。大手の年金基金などから解約の要請が相次ぎ、運用資産がみるみるうちに減っていく。リーマン・ショック直前には50億ドル前後あった資産残高は、09年4月に16億ドルまで急減した。

「ハルマゲドンがやってきた。われわれは自らの資産を守らなければいけない」

難破しかかったローブは、安全な陸地に逃げ込むように株式市場から必死の思いで資金を引き揚げた。世界景気にも金融市場に対しても、きわめて弱気だった。

もし、このまま嵐が過ぎ去るのを待っているだけだったとしたら、その他大勢の投資家となんら変わらなかっただろう。このときにローブが下したある大胆な決断が彼を、ウォール街を代表するプレーヤーの一人に引き上げた。

米政府は09年2月、米大手銀を対象に資産を査定する健全性審査（ストレステスト）の詳細を公表した。ローブは市場の転機となるこの重要なイベントを見逃さなかった。

米政府の金融機関への深い関与はいったい何をもたらすのか。

ローブは首都ワシントンDCに向かい、ロビイストやコンサルタントなど関係者に片っ端から面会した。ストレステストの本気度と、その効果について聞くためだ。

そして、ある結論にたどり着いた。シティグループなどの米銀大手はこれを機にバランスシートにたまった不良資産を整理し、リスク投資を縮小するはずだ。必要であれば政府の資金も活用して、自らの経営を改革しようとするだろう。

金融市場の崩落を防ごうとする米政府の決意は強い。ストレステストを通過すれば、米金融機関の経営は改善に向かうはずだ。

そうだとすれば、米銀の株式は買いだ。

市場が恐慌状態にあった09年春。大半の投資家が米銀の将来を悲観していた。逃避マネーが現金などに向かっているときに、ローブはバンク・オブ・アメリカ、シティグループなど米銀の株式を猛然と買い始めた。

米国株は09年3月に危機後の底値を付けると、その後は急速に回復の道を歩んだ。ローブの思惑は見事に当たり、金融株も急反発した。08年に危機に瀕したサード・ポイントは、09年には一転して約4割の投資収益を上げた。

ロープは振り返る。

「たくさんのことを知っていることが投資で大事なわけではない。むしろ、その時々でもっとも重要なことは何かを察知できる能力のほうが重要だ。あのとき、私が理解しなければいけなかったのは、ストレステストが救世主になるかどうかの一点に尽きた」

その一点の正しい読みで、ロープは見事な復活を遂げた。好調な運用成績が、ファンドへの投資家の見直し買いを呼び込んだ。20億ドルを割り込んだ運用資産は、13年に130億ドルを超えるまでに膨らんだ。

ようやくここで、さきほどの問いに立ち戻ることができる。

運用資産の急拡大に伴って、サード・ポイントには投資先を多様化するニーズが生まれた。その局面で世界の市場において存在感を増してきたのが日本だったのだ。

アクティビストにとって日本は十分に開拓された地とはいえない。だからこそ、投資戦略がうまく機能すれば、大きな果実を手に入れられるはず——こんな計算が働いたのかもしれない。

物言う株主をはじめとした米国のヘッジファンドが比較的手薄な日本で、自分が理解できる企業を先回りして買う。ロープのそんな思惑が垣間見える。投資の成否はまだ見えないが、もし日本株投資が成功を収めれば、海外のファンドマネーが日本に向かう流れが加速する可能性もある。

アクティビストの時代

ニューヨークのマンハッタン中心部の44番街には、名門大学のクラブハウスが集まる「大学クラブ通り」がある。高層ビルがそびえ建つマンハッタンにあって、歴史的建造物が建ち並ぶその一画だけは荘厳な趣が漂う。この通りの中心にあるのは、1880年代後半に設立されたハーバード・クラブだ。13年に同クラブはローブを招き、プライベートな講演会を開いた。

ローブは紺のスーツに紺のネクタイと、シックないでたちで現れた。身長は170センチほどだろうか。背筋がすっと伸び、体型はスリムの一言に尽きる。日ごろからヨガをこなし、トライアスロンの常連というのもうなずける。健康志向を映すように、手首には活動量を計測できるはやりのリストバンドがはめられている。

印象的なのは表情だった。喜怒哀楽を素直に表現することの多い米国で、ローブの場合は表情から感情を読み取るのが難しい。愛想がまったくないというわけではないが、どんなときでもポーカーフェースで対応できるタイプなのかもしれない。

「米国の経済成長に資する法・経済政策とは何か」。いくつもの肖像画が掲げられている

2階のメインルームでローブはゆっくりと席に座り、司会者の質問に答える形で話し始めた。グッと力を込めたのが、アクティビストの存在価値について問われたときだった。

「アクティビストの台頭は、資本主義の民主化の象徴にほかならない。経営陣が無能なために雇用が失われてしまっている企業があったとしよう。そこにアクティビストが、他の株主の協力を得て入り込む。議決権を行使し、(改革実現に向けて)経営陣に圧力をかけるのは健全なプロセスだ」

声量は決して大きくはないが、言葉の端々に自信がみなぎる。

「われわれの使命は、企業への投資を通じ、持続可能なビジネスを実現させることだ」

ローブが例として出したのが、マイクロソフトの株式を約1%持つとされるバリューアクト・キャピタルだ。業績低迷を招いたとしてスティーブ・バルマー前CEOの退任に圧力をかけただけでなく、同社の社外取締役のポストも手中に収めた。ローブはこの点を指摘し、「(ファンド側の)驚くべき進歩だ」と称賛した。

アクティビストとは、投資先の企業の株式をある程度取得したうえで、企業価値を向上させるために経営改革を迫る投資家を指す。収益の低迷で株価が割安になった企業に資金を投じ、株価が目標とする水準まで上がった時点で売って利益を確定させる。平均的な投資期間は1年半~2年とされる。

80年代、「ジャンク・ボンドの帝王」と呼ばれたマイケル・ミルケンが、信用度の低い企業の社債市場をつくり出し、空前のLBO（レバレッジド・バイアウト＝借り入れで資金量を増やした買収）ブームが起きた。投資ファンドが買収先の資産を担保に資金を借り入れて、巨額買収に乗り出す。買収ファンドのKKRによる89年のRJRナビスコの買収は、金額が250億ドルと当時としては空前の規模に達した。

ローブはこのころを、株主が本格的に力を持つようになった時期と位置づける。それから時を経て、「株主はさらに進化した」と感じている。

たしかに金融危機を乗り切った有力ファンドにマネーが群がり、米国では一部ファンドの大型化が進んでいる。特に経営陣に改革を突きつけるアクティビストは、危機後の株高の局面で良好な運用成績を上げ続けた。アップルに株主還元の強化を迫った大御所カール・アイカーンや、化学大手デュポンなど大企業への投資で知られるネルソン・ペルツなど役者もそろう。

危機後の銀行株投資で復活を遂げたサード・ポイントも、アクティビストの代表格として表舞台に躍り出た。「（アクティビストが）取締役に加わり、財務や戦略的な投資について、経営陣に物申す仕組みが確立された」。ローブはそう語る。

ここで重要なのは、物言う株主には二つのタイプがいるということだ。ひとつは舞台裏で経営陣と建設的な対話を重ね、ファンド側の要求を通そうとする「穏健派」。もう一方は、経営陣と正面から対峙し、自らの取締役入りを要求したり、株主総会で委任状争奪戦

（プロキシーファイト）を展開したりすることも辞さない「強硬派」だ。公の場で経営改革を突きつける劇場型ともいえる。

前者のタイプを「フレンドリー（友好的）」、後者を「ホスタイル（敵対的）」と区別することが多い。ロー ブは明らかに後者である。こわもてぶりは、ウォール街でも指折りだ。米ファンド関係者によると、ロー ブは「自説を曲げない信念の強さ」に特徴がある。時に傲慢という批判を受けながらも、周囲におもねったり、自説を曲げる妥協は一切しない。

「賢く、間抜けな投資は決してしない」

ヘッジファンド業界でもっとも稼ぐ運用者として知られるデイビッド・テッパーは、旧知のロー ブをこう評している。

西海岸のサーフィン少年

経営者への脅しとも受け取られかねないやり方で、自らの要求を通そうとするロー ブ。その強烈な個性は、どのように形づくられたのだろうか。

ロー ブが育ったのは西海岸ロサンゼルス近郊のサンタモニカで、家庭は豊かだった。弁護士である父親は生活雑貨大手ウィリアム・ソノマの法務責任者なども務めた。

母はハーバード大学大学院を修了した歴史学者。公民権運動に目覚め、人種の平等主義を掲げる活動家の顔を持つ。ロー ブのアグレッシブな姿勢は、エネルギーにみちた母親譲りともいえる。

幼少のころに、両親が離婚した。二人の姉妹は母親が引き取り、ローブは父のもとで育てられることになる。それでも母との強い絆は失われなかった。

親族にはバービー人形の生みの親である大叔母ルース・ハンドラーがいる。大叔父のエリオットとともに45年、マテルを創業した。今や年間売上高で65億ドルを誇る、世界有数の玩具メーカーだ。

開放感にあふれる西海岸で育ったローブは、サーフィンに親しんだ。サード・ポイントという名前は、自らが慣れ親しんだマリブビーチのサーフィンスポットである「サード・ポイント」から取っている。

ローブには小さいときから、将来は投資家になりたいという夢があった。カリフォルニア大学バークレー校にいったんは進んだが、途中から東海岸のコロンビア大学に編入し、ウォール街のある資本主義の中心、ニューヨークに移り住んだ。本格的に株式投資を始めたのはこのあたりからだ。大学を卒業するときには、運用資産を12万ドルまで増やしていたという。

卒業後、投資会社のウォーバーグ・ピンカスでキャリアをスタートさせた。後に証券会社のジェフリーズで、経営の危機に瀕した企業のことを重点的に分析するようになった。このときにアナリストとして過ごした3年間で財務分析のノウハウを身につけた。そして

95年、長年の夢だった投資家として独立を果たす。親族から資金を集め、サード・ポイントは300万ドルという規模でスタートした。

レバレッジに依存しない慎重さ

金融市場で成功を収めた投資家には、決まって自己を律しようとする厳格な態度がある。ローブも例外ではない。健全な思考と身体を保つために、トライアスロンで体を鍛え、長年にわたってヨガを実践している。

「ヨガと瞑想は、脳と身体にいい影響を与える。思考が鮮明になり、記憶力もよくなる。バランス感覚が高まり、より客観的に自分を見られるようになる。いずれも投資家として成功するには大切な要素だ」

ローブは以前、こう語ったことがある。

人生のすべてを投資に捧げてきたという自負がある。その「誰にも負けない投資への情熱」が、厳しい市場に打ち勝ってきた最大の要因だ。

ヘッジファンドは儲かるビジネスだと、新たに参入をもくろむ投資家は多い。だが、投資に対して心底、情熱を傾けられない人間が長い目で見て成功するはずがない。金融や企業財務への深い知識、投資家としての勘のよさも必要だが、もっとも大事なのは情熱というのがローブの考えである。

世界有数の投資家には、数字を読む能力に長けた人物が多い。その典型がウォーレン・バフェットだろう。バランスシートや損益計算書など企業の財務諸表に目を通すだけで、ただちにその企業の本質を理解することができる。投資を決断するスピードも速い。

ローブはバフェットほどの数字を読む天才ではない。優れているのはむしろ、どこで投資をし、どこで売り抜ければ利益を最大化できるのかという、売買の最適なタイミングを見極める力だ。

欧州の債務危機がピークだった12年には、欧州連合（EU）の救済策が功を奏すると判断し、ギリシャ国債を額面1ユーロあたり17セントという破格の値段で購入した。危機が和らぎ、債券価格が2倍になった時点で売り抜けた。これだけで4～5億ドルの投資収益を手にしたとされる。

危機後の急速な株高の波にも乗り、運用成績は好調を極める。ファンドの投資収益率は10年が38%、11年はほぼ横ばいだったが、それ以降は12年が21%、13年は26%と、ヘッジファンドの業界平均を大幅に上回る成績を上げている。

二ケタの高い投資収益は、高いリスクを取っている証左と受け止める向きがあるかもしれない。しかし、ローブは大胆であると同時に慎重さを持ち併せた投資家でもある。

ヘッジファンド業界では借り入れを膨らませて投資金額を膨らませる「レバレッジ」を活用することが多い。そうすれば、投資が成功したときのリターンを高めることができるからだ。

だが、そこには罠がある。レバレッジをかければ、その分だけリスクも高まる。金融危機では流動性が市場から失われ、止まらない株価下落の荒波にのまれるようにファンド勢も投げ売りを迫られた。このとき、過大なレバレッジをかけていたファンドはすぐに自己資本を食いつぶし、ファンドの清算に追い込まれた。レバレッジは一見すると魔法のようだが、失敗したときの代償も甚大だ。

サード・ポイントはレバレッジに依存した投資からは距離を置く。あくまで等身大でどこまで高い収益を上げられるかで勝負しようとしている。

イベントの仕掛け人

勢いを増すヘッジファンドの世界では、数々の投資戦略がある。世界の株式や為替などに自在に投資するマクロ戦略や、株式の買いと空売りを組み合わせた株式ロング・ショートといった具合だ。この分類にしたがうと、ローブのようなアクティビストは、今が旬ともいわれるイベント・ドリブン戦略に含まれる。

M&Aや企業の事業分離といった重要な出来事（イベント）に注目し、株価が今後どう動いていくかを予測して収益を上げる手法だ。

金融危機後、この投資戦略は一大ブームの様相を呈した。なぜか。09年の経営破綻後、公的管理下で再生を果たし、翌10年に再上場した自動車最大手ゼネラル・モーターズ（GM）の事例を考えれば答えはおのずと出る。GMの崩壊と再生が象徴するように、金融危機後の米国はイベント尽くしともいえる状態になった。イベントが増えるほど、こうしたタイプの投資家の収益機会は増えることになる。

ローブは経営陣に圧力をかけるアクティビストである。割安に放置された企業に投資をした後で、その事実に市場が気づくのをじっと待つ必要はない。その特徴をもっともわかりやすく表現したのが、日本に昔からある次の言葉かもしれない。

「鳴かぬなら鳴かせてみせようホトトギス」

イベントは待つのではなく、自分で仕掛けるものだ。M&Aでもリストラでも何でもいい。投資先となる企業を詳細に分析したうえで、あとは積極的にイベントをつくり出すことだ。これがアクティビストの本分である。

ローブの対日投資は、「アベノミクス」と呼ばれるようになった大胆な経済政策がひとつのきっかけとなった。つまり日本という国家そのものに、イベント・ドリブン戦略の投資家にとって大きな収益機会になる「スペシャル・シチュエーション（特殊な状況）」が生まれたと解釈することもできる。

ローブは株式投資の指南書である『グリーンブラット投資法』から強い影響を受けている。原題は「あなたも株式市場の天才になれる（You can be a stock market genius）」。著者は有力ファンド、ゴッサム・キャピタルを創設したジョエル・グリーンブラットだ。

コロンビア大学でも教鞭を執るグリーンブラットは、M&Aやリストラといった企業の「特殊な状況」が投資家にとって大きなチャンスになるという事実を体系化した。「投資する銘柄数を単純に増やしてもリスクを低下することにはならない」など、本質をつく解説も盛り込まれている。ロームの今の投資スタイルは、このグリーンブラットの系譜でとらえられる面もある。

「ポイズン・ペン」

ローブはウォール街ではずっと知る人ぞ知る存在だった。95年のファンド設立以来、年率で平均2割近い運用成績を収めてきた実績だけが理由ではない。

市場関係者が注目してきたのは、ローブが四半期ごとに発行する投資家向けの書簡のほうだ。「ポイズン・ペン」と呼ばれ、ローブという人物の象徴とも受け止められてきた。

ポイズン（毒）という言葉が示すように、投資先の企業や経営者に容赦のない厳しい言葉を浴びせかける。手紙の内容は公にされ、時に中傷を含んだ過激な言葉が、ローブのこわもてぶりを印象づけてきた。

いくつか拾い出してみよう。

「あるアナリストはあなた（デイビッド・ロビンソンCEO）を『バイオ産業で最悪のCEO』と言った。別のアナリストは、本源的な企業価値に比べ、株価が大幅に低迷している現状を『デイビッド・ロビンソンのディスカウント』と称した。（企業統治が重視される）この時代に、取締役会がなぜあなたを解任しないのか不思議でならない」（05年、リガンド製薬のCEOを批判して）

「CEOの娘とその婿が年収23万ドルで雇われているのを知って、金曜の夕方に娘婿のオフィスに電話をしてみた。携帯電話に転送された後に留守番電話となり、後で本人から『ゴルフをしていたので電話に出られなかった』と折り返しの連絡があった。彼らが会社にどう貢献しているかを知りたかったのに、その給料は勤務時間にゴルフをするのに費やされているのだろうか」（04年、インターセプト社に対し、経営者親族の不透明な給与払いに疑問を呈して）

ローブの姿勢は一貫している。製品やサービスは有望なのに、経営者の資質に問題があるために業績が低迷している企業に投資する。そのうえで、いつもの書簡で問題点をあぶり出す。「劇場型」でじわじわと経営陣を追い込み、自らの主張を実現していくやり方だ。そして狙い通りに株価が上がった時点で、株式を売却して収益を得る。

ローブが投資の事実や経営陣への中傷をあえて公表するのは、「アナウンスメント効果」を狙っている面もある。

自らの投資を明らかにすれば、企業が株主を向いた経営を重視するようになるとの期待が市場で高まる。また劇場型にすることで経営陣に効果的に圧力を加えることもできる。

ローブはヤフー CEO の更迭劇を演出した（カリフォルニア州のヤフー本社）。
写真：ロイター／アフロ

ローブのような知名度の高い投資家が触手を伸ばしたとなれば、個人投資家などが追随買いに動き、株価が一段高になりやすい。ローブはあえて対外的に公表することで得られる追い風を計算に入れて投資している。

ヤフーCEOを追い出す

アクティビストの強硬派として、経営陣と対立してきたローブ。金融危機前は、時価総額の小さい企業への投資が目立ち、ウォール街でもやや変わった人物と受け止められる程度だった。そんな見方を一変させることになったのが、インターネット大手ヤフーへの投資である。

ヤフーはグーグルなど強力なライバルの台頭で輝きを失っていた。創業者で元

CEOのジェリー・ヤンは、マイクロソフトによる巨額の買収提案を拒否し続け、そのたびに市場を落胆させてきた。

ローブは11年9月、ヤフー株を5％超持っていると公表した。マイクロソフトの魅力的な買収案を拒否し、業績の低迷から抜け出せない経営陣の戦略のなさを声高に批判した。

このときの市場はまだ半信半疑だった。あの百戦錬磨のアクティビスト、カール・アイカーンだってヤフーの経営を立て直すことができなかった。実績で見劣りするローブに何ができるというのか？

ローブは収益を抜本的に立て直すためには、経営陣の入れ替えが不可欠だと主張した。ヤフーに不満を募らせる他の株主も味方につけ、経営陣をじわじわと追い詰めていく。

目的を達成させるためには手段を選ばない。決定打となったのは、スコット・トンプソンCEOに浮上した学歴詐称の疑惑だった。攻撃の舞台となったのは、ローブの代名詞ともいえるいつもの書簡だ。

「グーグルの検索でストーンヒル大学の同窓会名簿を見たら、トンプソンの学位は会計学となっていた。われわれはこの情報が間違いで、（同時にコンピューターサイエンスの学位も取得したとしている）ヤフー側の資料が正しいのだろうと思った。ストーンヒル大学に聞いてみると、トンプソンには会計学の学位しかないというではないか。しかもトンプソンが卒業した4年後までコンピューターサイエンスの学位自体が存在していなかったと

いう。…（略）…今このときほど、ヤフー株主が信頼に足るＣＥＯを必要としているときはない」（12年3月）

12年1月にＣＥＯに就任したばかりだったトンプソンは、社員の１割強を削減するなど経営改革に乗り出した矢先だった。だが、ローブには事業を再び成長軌道に乗せる青写真を持たぬまま、リストラばかりを急ぐトンプソンのやり方が危うく映った。その流れを止めるために、学歴詐称の問題を切り札に持ってきたわけだ。

ずさんなガバナンス体制に風当たりが強まり、ヤフーは5月、トンプソンＣＥＯの事実上の解任を発表した。あわせてローブらサード・ポイントが推薦した3人を取締役に迎えることも公表した。独自の取締役候補を立て、株主総会で委任状争奪戦を繰り広げる構えを見せていたローブに、ヤフー側が屈した形になった。

ヤフーの取締役として影響力を増したローブは、再建人としてシリコンバレーのある大物に白羽の矢を立てる。

ライバルであるグーグルの副社長で、ネット検索の成長の立役者。ヤフーに辛酸をなめさせた張本人ともいえるマリッサ・メイヤーである。ヤフーは12年7月、名門スタンフォード大学卒の才女でもあるメイヤーを新たなＣＥＯにするというサプライズ人事を発表した。

起用は当たった。メイヤーはＭ＆Ａを通じた攻めの経営や、優秀な外部人材の獲得などで会社を立て直し、ヤフー株は反発のきっかけをつかんだ。収益の柱であるインターネット広告の売上高が本格的に回復したわけではないが、市場は「変われないヤフー」の汚名返上を素直に評価した。

役目は果たしたとばかりに、メイヤー起用からちょうど1年後の13年7月、ローブは自らの取締役の退任を発表した。ヤフーは同時に、サード・ポイントが持つヤフー株の大半を約11億6000万ドルで買い戻す計画を明らかにした。

「メイヤーCEOが就任してから株価はほぼ2倍になった。ヤフーの未来は明るい」

ローブは達成感をにじませるコメントを出した。米メディアによれば、サード・ポイントがヤフー株投資で得た収益率は実に2・2倍に達した。金額にして約6億5000万ドルの利益が出た計算になる。わずか2年ほどの投資としては、これ以上望めない成果である。

「ダニエル・ローブは、ヤフーには計り知れない潜在力があると見抜いていた。（経営改革などで）われわれの偉大な基礎を築いてくれた」

メイヤーはローブに謝辞を送った。互いに手を組み、win-winの関係を築けたことへの満足感を漂わせた。

強硬姿勢に反発も

ヤフーへの投資で得た巨額の資金を元手にし、ローブはソニーをはじめ新たな投資先の開拓を始めた。しかし、ヤフーのように幸せな結末を迎えられるのはごくわずかだ。経営陣を名指しで批判し、自分の要求を貫き通そうとする「武闘派」ローブのやり方が反発を招いてきたこともまた否定できない。

ソニーについては、映画業界ハリウッドから批判が巻き起こった。

「金儲けしか頭になく、映画産業にとって危険な人物だ」

人気俳優のジョージ・クルーニーが13年夏、インターネットメディアとの会見でローブへの批判をぶちまけた。

ローブがソニーの映画部門の経営陣は能力不足で、「規律と説明責任に欠けている」などとしたことが、ハリウッドで強い影響力を持つクルーニーの怒りを買った。

「アクティビストなんて名乗っているが、(映画)ビジネスなんて何もわかってはいない。ヘッジファンド業界から来た輩なんて、(映画産業の経営改革を求めるのに)もっともふさわしくない人物だ。彼は映画スタジオを脅迫し、その恐怖をもとに何かを決断させようとしている」

ソニーに現れた思わぬ「援軍」だった。ローブはその後、映画産業のことは尊重しているなどと火消しに追われた。世間のイメージが悪化すれば、今後の投資にも悪い影響を及ぼしかねない。そんな危機感がクルーニーとの直接対決を避けさせたのかもしれない。

大物狙いの理由

サード・ポイントは約140億ドルとヘッジファンド業界でも指折りの運用資産を誇るまでに成長した。巨艦ファンドの宿命ともいえるが、近年は時価総額の大きいグローバル企業への傾斜を強めている。

14年1月、ローブは化学大手ダウ・ケミカル株を保有していると明かした。ファンドの最大の投資先といい、米メディアは投資額を13億ドル程度と報じた。これを受けて、同日のダウ株は一時8%高と急伸した。

米国内にシェールガス革命という追い風が吹いたにもかかわらず、「過去10年のダウの株価は市場平均を著しく下回ってきた」とローブは批判した。外部のアドバイザーを雇い、収益性の低い石油化学部門を分離することも検討すべきだと主張した。

サード・ポイントの新たな一手が意外感を呼んだのは、ダウがその直前に大胆な改革を発表したばかりだったからだ。わずか1カ月前、ダウは年間50億ドルの売上高がある汎用品の化学部門の一部を売却する計画を公表した。そして、より利益率の高い川下の化学製品に軸足を移す方針を明らかにしていた。

ダウを率いるのは、米国を代表する経営者の一人、アンドリュー・リバリスCEOだ。

サード・ポイントの投資が判明する直前、ダボス会議に出席中のリバリスは、「(利益率の低い)汎用品から抜け出すために、過去4年で売上高にして130億ドル規模の事業を売却してきた」と改革の成果を強調していた。

株主の利益を最大化するために、不断の努力を重ねてきたとするリバリスだが、ローブの目には改革が手ぬるいと映る。同業他社に比べて株価の上昇が緩やかなのが何よりの証拠だという。

一方のリバリスにしてみれば、外部のアドバイザーを雇い、事業を精査すべきだとするローブの要求は容易に受け入れられるものではないだろう。世界を代表する化学企業を舞台に、経営陣とローブの攻防がどんな展開を見せるか。市場関係者の関心は高まるばかりだ。

強すぎるアクティビスト

ヤフーで実績を上げ、ソニーやダウ・ケミカルにまで触手を伸ばすローブはアクティビスト業界を代表する一人には違いない。だが、有力プレーヤーはほかにもいる。米市場ではいまだかつてないほどの「物言う株主」の時代がやってきている。

その象徴がアップルだ。グリーンライト・キャピタルを主宰するデイビッド・アインホーンが、ティム・クックCEOに株主配分の強化を迫ったのが13年のことだった。翌年

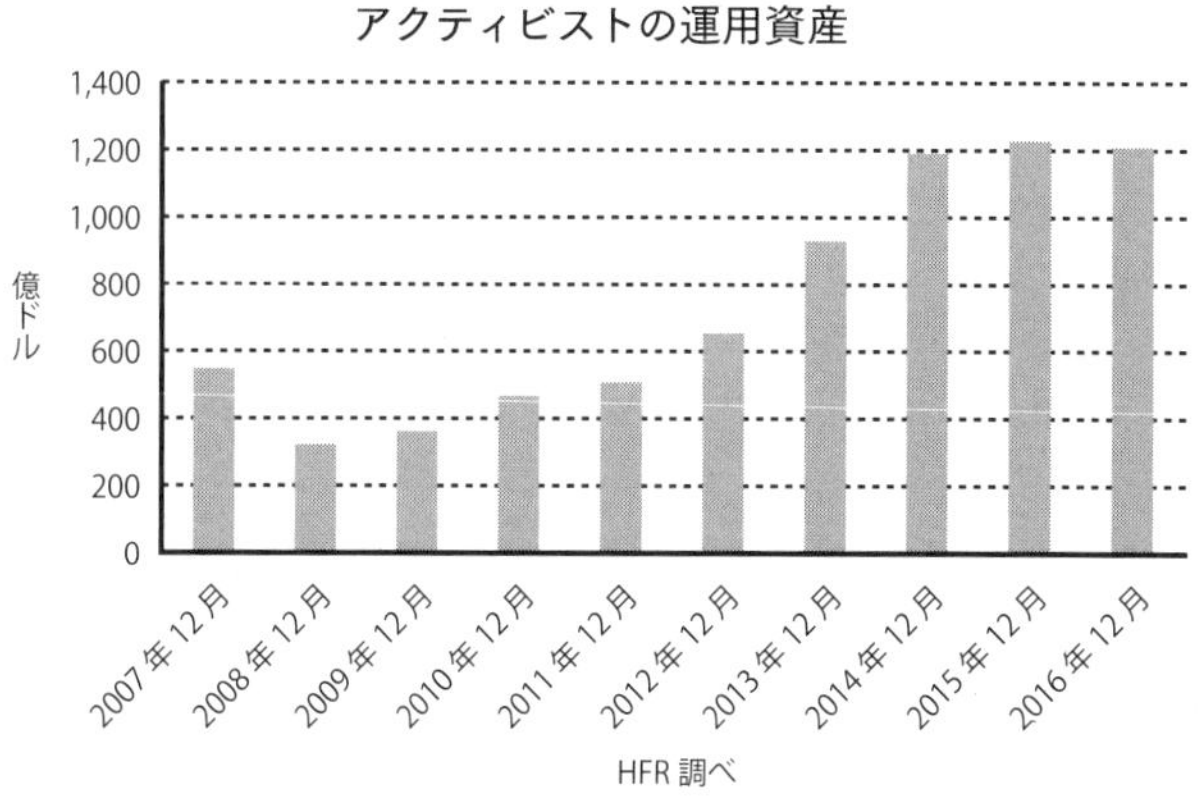

にはカール・アイカーンが追加的な自社株買いを求め、クックに圧力をかけた。こうした株主の圧力もあり、アップルは14年1月の決算発表からわずか2週間で、１４０億ドル規模の自社株買いを実施した。

アップルの手元資金は13年末で約１６００億ドルある。毎期のキャッシュフロー（現金収支）も潤沢だ。物言う株主でなくとも、アップルにこれほどまでの手元資金が必要なのかという疑問は残る。

ただ世界最大の時価総額を誇るアップルが、アイカーンとアインホーンというたった二人の株主に振り回される姿は異様にも映る。金融市場がバブルの絶頂にあった危機以前の06、07年でさえ見られなかった現象である。

アクティビストの影響力の拡大には、三つの理由がある。ひとつ目は潤沢なマネーだ。低金利で、年金基金など機関投資家がより高い利回りの期待できるヘッジファンドへの投資を増やした。特に運用成績が好調なアクティビストが投資家の人気を呼び、実績のあるファンドの大型化が進んできた。

危機後に制度面で株主の力が増したという事実も、同じくらい重要な変化だ。米国には企業統治が十分に機能していなかったからウォール街の金融機関が暴走し、金融危機を招いたという認識がある。こんな反省から、金融規制改革法（ドッド・フランク法）では株主権利の向上が盛り込まれた。

米国のほとんどの上場企業の取締役の報酬について、株主が賛否を問える新たな制度（セイ・オン・ペイ）などはその典型だ。こうした変化に乗じて、アクティビストはより強く自らの考えを経営陣に主張するようになった。

最後に挙げられるのは、年金基金のアクティビスト化だ。全米有数の公的年金、カリフォルニア州教職員退職年金基金（カルスターズ）は、投資ファンドのリレーショナル・インベスターズ（RI）と組み、ベアリング大手ティムケンに不採算の鉄鋼事業の分離を要求し、13年の株主総会で基金側の提案が過半の支持を集めた。結局、ティムケンは後に事業分離に追い込まれた。

運用難に直面する年金基金は、長期的な運用成績向上のために、米企業が株主の方を向いた経営を重視すべきだと考えている。この点において、ファンドの視点との間に大きな違いはない。経営陣が劣勢に立たされているのは、アクティビストと年金の「共闘」が大きな潮流になっている証でもある。

ローブの台頭もまた、アクティビストの興隆という大局的な文脈の中に位置づけられるものだ。

そのローブはソニー、ダウ・ケミカルと投資対象の大型化を進めているが、こわもてぶりは健在だ。「ポイズン・ペン」の称号を返上するつもりはまったくないように見える。

それが端的に表れたのが、競売世界大手サザビーズだった。1744年設立の歴史を持つ伝統ある競売会社である。サード・ポイントは13年10月に同社株の保有率を9％まで高めて筆頭株主に躍り出た。書簡で「サザビーズは修復がどうしても必要な古典絵画のようだ」と断じ、ウィリアム・ルプレヒトCEOの辞任を声高に要求した。

サザビーズの収益が低迷しているのは、「経営幹部の統率力や戦略的なビジョンが欠けていることに起因している」と強調した。コレクターの間で人気を集める現代美術への取り組みに熱心ではなく、貴重な収益機会を逸していると非難した。

攻撃はまだ止まらない。ルプレヒトは経営幹部とともに、ニューヨークを代表する高級レストラン「ブルーヒル」で会食を重ねている。有機野菜を使った料理に舌鼓を打ち、希少価値の高いビンテージワインを楽しむ。この飲食代で、「数千ドル規模の株主のコスト」が犠牲になったという。

執拗に批判の言葉を並べたうえで、「サード・ポイントは上場企業の取締役会で際だった実績がある」とし、「喜んで（サザビーズの）取締役会にただちに加わる」と明かした。

当初、サザビーズの経営陣は猛烈に抵抗したが、ローブは徐々に圧力を強めてついに自らの取締役入りを認めさせた。

「極端なエゴ」への批判

高級月刊誌『ヴァニティ・フェア』が13年末、ローブの強硬なやり方を批判的に取り上げる特集を組んだ。タイトルは「リトル・ビッグ・マン（小さな巨人）」。この特集ではローブをよく知るファンド業界関係者の匿名コメントが引用されている。

「ローブはとんでもないエゴを抱えた人間だ。（英雄主義の）ナポレオン的な面とともに、（計算高い）マキャベリのような顔もある」

投資の世界で大きな成功を収め、ローブは10億ドル（1000億円）以上の個人資産を持つ「ビリオネア」に名を連ねる。自己に対して絶対的な自信を持ち、CEOの人格攻撃もいとわない。もともとアクティビストは経営陣と対立することが多いが、雑誌の特集が象徴するように、ローブのやり方は本場の米国でさえ「極端」と受け止められつつある。ヤフーやソニー、ダウ・ケミカルなど投資対象が大型化するにつれて世間の関心が高まり、それがかえってローブのイメージを悪化させている面がある。

私生活も豪華を極める。ニューヨーク中心部マンハッタンの高級エリア、アッパーウエスト地区に八つのベッドルームがある巨大なペントハウスを構える。近郊の高級リゾート地、イースト・ハンプトンには著名建築家ラファエル・ヴィニオリがデザインした豪邸を保有する。さらに12年にはシティグループの元CEO、サンディ・ワイルから5200万ドルで巨大ヨットを購入したとも伝わった。

豪遊する経営陣を表だって批判しながら、自分自身は誰も真似できないような華やかな日々を送る。もちろん、それは高い運用成績に伴う正当な報酬に裏付けられたものであり、本来なら一方的に批判されるべき話ではないのかもしれない。ただし、ローブのあまりに強硬なやり方が嫌悪感を招き、逆に執拗な個人攻撃を受けている面は否めない。もともと米ファンド業界は個性派ぞろいだが、ローブほど毀誉褒貶が入り乱れている人物は珍しい。

セブン&アイの退任劇

「ウェルダン（よくやった）」

16年4月、サード・ポイントに近い関係者に、ローブからショートメールが入った。日本株投資を拡大してきたサード・ポイントは15年10月、セブン&アイ・ホールディングスに投資を始めたと公表した。投資家向け書簡では、低迷の続く祖業イトーヨーカ堂を分離したうえで「独立した企業として経営を見直すべきだ」と主張した。

招かれざる客に経営陣の警戒が高まる。両者の高まる緊張関係は16年春、誰もが予想しえなかった大事件に発展する。

このころセブン&アイCEOの鈴木敏文が、傘下のセブン－イレブン社長の井阪隆一を解任する方針だという情報が駆け巡っていた。

これを聞きつけたロープはすぐさま書簡を送り付けた。

「井坂氏の社長職を解く噂を耳にしたが納得できない」

16年2月期まで5期連続で最高益を更新し、グループの稼ぎ頭となっているセブン－イレブンのトップをなぜ解任する必要があるのか、という主張だった。

セブン&アイの社外取締役で指名報酬委員会の委員長を務める伊藤邦雄・一橋大学大学院特任教授も井坂側につく。

鈴木は強行策に打って出る。4月7日の取締役会で井阪の交代を含む人事案を諮った。だが、4人の社外取締役を含む取締役15人による無記名投票の結果、鈴木の人事案は7票とわずかに過半に届かず、否決されてしまう。

冒頭のロープの「よくやった」というコメントは、井坂の社長解任が回避されたのを知ったときに関係者に送られてきたものだった。

自らの人事案が否決された鈴木はグループの経営から退く決断をする。

代わりにグループのトップになったのは井坂だった。

ローブはセブン&アイにいくつもの提案をしてきた。イトーヨーカ堂の分離独立だけではなく、大幅な増配、全米で約9000店を運営する米セブン-イレブン・インクの上場などメニューは多岐にわたった。

自ら支持した井坂がトップに就任し、株主の利益に敏感な社外取締役の存在感も増した。ローブの意向が働きやすい経営体制になったことは悪い話ではなかったはずだ。

期待が失望に変わる時

ところが期待とは裏腹に、ローブは失望感を抱くようになる。

井坂新体制は16年10月、具体的な改革の方向を示す「100日プラン」を公表した。百貨店の一部の譲渡を打ち出したものの、イトーヨーカ堂の追加リストラなどのメニューが並ぶことはなかった。株式市場では期待された改革案が力不足と受け止められ、株価は4000円台前半の低空飛行から脱することができなかった。

ローブのセブン&アイ株投資が明らかになったころ、株価は軽く5000円を超えていた。主力事業であるセブン&アイへの注力を約束しながら、不採算事業を思い切って整理できない経営陣にローブはいらだちを強めている。

不満はセブン&アイに限った話ではない。

「断言はできないが、ファナックやＩＨＩはもう売ってしまったみたい。セブン＆アイも保有の割合を減らしているようだよ」。サード・ポイントに近い関係者は「最近、ローブ氏の日本離れが顕著だ」と証言する。

12年のソニーを皮切りに日本への投資を始めたものの、徐々に誤算も浮き彫りになってきたからだ。アベノミクスの柱である企業統治の改善ペースは遅く、投資先の株価もふるわない。

ローブは日本企業が収益性を重視するようになると読んだが、非効率な経営はなかなか改善されない。みずほ証券の田村俊夫上級研究員は「(海外勢は)日本企業の収益の将来予測を引き下げ、現在の理論株価も下方修正せざるを得なくなっている」と話す。鳴り物入りで日本に上陸したローブだが、徐々に日本への関心が色あせているように映る。

うるさ型の株主がいなくなるのは朗報と考える日本の経営者も少なくないだろう。しかしこれからの時代、自社の成長を経営者と株主の緊張関係の延長線上に描いてみることも大事なのではないのだろうか。

経営者と株主の緊張と協調が、安倍政権が取り組んできた企業統治の適切な姿でもあるはずだ。東芝問題など日本的な「密室経営」の悲惨な末路を目にするにつけ、あらためて経営者と株主の関係について考えさせられる。

第4章 ジム・チェイノス Jim Chanos

1985年に空売り専門のキニコス・アソシエイツをニューヨークで創業。運用資産は約60億ドルと、空売りファンドとして世界最大級。2001年に経営破綻した米エネルギー大手エンロンの不正会計を見抜いたことで知られる。金融犯罪や投機事件の歴史に精通し、母校であるイェール大学で教鞭も執る。

中国に挑む空売り王

チェイノスの教え

○市場は往々にして間違える
○常に疑問を持ち、経営者の言葉をうのみにしない
○空売り投資は企業の不正をあぶり出す探偵役
○アナリストリポートに頼らず、企業の開示資料を独力で読む
○経営幹部の辞任や自社株売却は空売りの好機

標的は巨大国家・中国

パリのエッフェル塔を背景に、美しい石畳の街並みが広がる。式を挙げた若いカップルが、幸せそうに記念写真に収まっている。不思議なのはこの二人とカメラマンを除き、街中に人の気配がないことだ。

種を明かせば、ここはパリではない。場所は中国の上海市郊外。パリをそっくり模してつくられた巨大な街で、エッフェル塔も本物さながらにそびえ建つ。おしゃれな商店や住宅が建ち並ぶが、どこにも人がいない。よく見れば、カップルもカメラマンもみな中国人だ。「いったい、ここはどうなっているんだ」。あきれたように、米国人のリポーターがこぼす。

米国の有力テレビ局「ＨＢＯ」が13年、ドキュメンタリー番組を放映した。タイトルは「中国のゴーストタウン」。近年の開発ラッシュのなかでつくられたいくつもの巨大な街が、住み手のいない廃虚と化している。そんな中国の異様な現実を伝えた。パリとは別にロンドンを模した街もある。もちろん、ここにもほとんど人はいない。

番組でインタビューに応じた中国人の若い女性は、「このあたりのマンションを買おうとしたら３２０万ドル（約３億２０００万円）ぐらいかかる。そんなところに住めるわけもないし、時々外国に来る気分で遊びに来ているだけなの」と答えた。超高価な住宅を購入しているのは限られた富裕層だけだ。不動産価格が上がり続けると信じて投機目的で

エッフェル塔などを模した中国のゴーストタウン（杭州）。

写真：Imaginechina ／アフロ

買っており、実際に住んでいる人はいない。

「中国の不動産バブルの現実を知りたいのなら、ぜひあの番組を見ることを勧めるよ。とてもよくできていたから」――。ニューヨークのマンハッタン中心部。多くの観光客が訪れるニューヨーク近代美術館（MoMA）から目と鼻の先にあるオフィスビルで、約1年ぶりに会ったジム・チェイノスが教えてくれた。

ウォール街でチェイノスの名を知らぬ者はいない。85年に自身のヘッジファンド、キニコス・アソシエイツを設立した。たぐいまれな運用実績と、きわめてユニークな投資スタイル、その両方が重なり合い、ヘッジファンド業界の有力なプレーヤーとして君臨してきた。

割安な企業を探して資金を投じるバリュー投資家ではない。チェイノスの手法はその逆を行く。実力以上に買われすぎた企業を見つけ出し、空売りをすることで収益を上げようとする投資家だ。

運用資産は約60億ドルに達する。空売りファンドとしては世界最大とされる。ある米メディアは「世界最高の空売りの使い手」と評した。ウォール街では「空売り王」の異名を持つ。

申し分のない実績を上げてきたチェイノスがここ数年、もっとも力を入れているのが中国の空売りだ。個別の企業ごとに投資してきたこれまでの次元をはるかに超え、経済規模で米国にいずれ肩を並べようとする巨大国家と正面から対峙している。

不動産バブル、日本に匹敵

チェイノスは、中国の不動産バブルに警鐘を鳴らす。自前のアナリストを定期的に現地に送り込み、中国の不動産市場を定点観測してきた。その結果見えてきたのは、内陸の地方都市を含めて、いたるところに住み手のいないマンション群が乱立している現実だった。実需とは無縁な、行きすぎた不動産投資。チェイノスに勧められたHBOのドキュメンタリー番組は、その異様な現実を如実に映し出していた。

本人の試算では、建設コストで見た中国の住宅の市場価値は、同国のGDPの300～400%まで高まっている。長期デフレを招くことになった89年の日本の不動産バブル末期が約375%だったというから、中国もかなりの危険水域に入っているのがわかる。

中国政府はバブルの抑制に動いてきたが、十分な成果を上げているとはいえない。マンションの建設は今なお続き、投機マネーが流れ込む。

「中国の住宅バブルが歴史に名を残す規模であるのは間違いない」。チェイノスはそう断言する。

中国の空売りを公にしたのは09年末だった。CNBCのインタビューで中国に弱気と語ったところ、そこら中から笑いものにされた。「正気とは思えない」。ウォール街でそんな声を何度となく聞いた。

金融危機後の低迷期にあった当時の米国にとって、中国は頼みの綱だった。主要新興国をまとめたＢＲＩＣｓ（ブラジル、ロシア、インド、中国）の中心的な存在であり、高い経済成長で世界景気を支える原動力になっていた。

だがチェイノスは、中国経済の成長は過度の投資に依存したいびつな構造の産物であると考えていた。バブルはいずれ、崩壊に向かわざるを得ない。

特に問題視してきたのが、本人が「砂上の楼閣」と呼ぶ中国の金融システムだ。チェイノスの試算によれば、銀行などの金融機関はここ数年、毎年のようにＧＤＰの４〜５割にあたる信用を新たに創造してきた。

経済成長を重視する政府のもとで、国有銀行が過剰な融資に走り、そのありあまった資金が流れ込んで不動産ブームをつくり出した。あるいは鉄鋼や造船といった基幹産業による巨額の増産投資のきっかけを与え、過剰設備が深刻になった。

中国が抱える問題のもとをたどれば、じゃぶじゃぶになったマネーの存在に行きつく。中国の金融機関は大量の不良債権を抱えているのに、「政府出資の資産運用会社に不良債権をまるごと引き受けさせて問題を先送りしている」とチェイノスは糾弾する。

たしかに、中国で信用バブルに裏打ちされた投資依存の経済モデルが限界にきているのは衆目の一致する見方でもある。厚みを増す中間所得層が主役となる消費型経済へのバトンタッチが順調に進んでいるともいえない。

その中国経済の立ち位置の危うさを、チェイノスは一貫して主張してきたわけだ。「いざとなれば中国政府が危機の収拾に動く。当局には問題の解決能力がある」。市場にはこんな見方も根強いが、チェイノスは「勝手な信仰にすぎない。もはや中国政府が打つ手は限られる」と語る。

13年6月には中国人民銀行（中央銀行）が資金供給をしぼり、短期金利が急騰した。実体経済とはかけ離れたマネーの膨張を抑えようとした措置とされたが、これが株価の急落を招くことになった。当局の意図をはるかに超えて市場が過敏に反応し、世界的に中国の金融システムや景気への不安が高まったのは否定できない。

この市場の動揺をきっかけに、正規の銀行システムとは違うルートで、高利回りの金融商品が大量に取引される「影の銀行（シャドーバンキング）」の問題も取り沙汰されるようになった。

チェイノスの空売りの舞台は、中国本土の企業が上場する香港のH株市場だ。ここで不動産開発や銀行、建設関連株を空売りしている。中国の上海市場はもともと外国人投資家が空売りをするのは難しい。香港であれば十分な流動性があり、空売りの場として適しているという。

中国をテーマにしたもうひとつの投資手法も実践している。中国経済の成長に急ブレー

香港H株指数は日米株に比べて低迷が目立つ

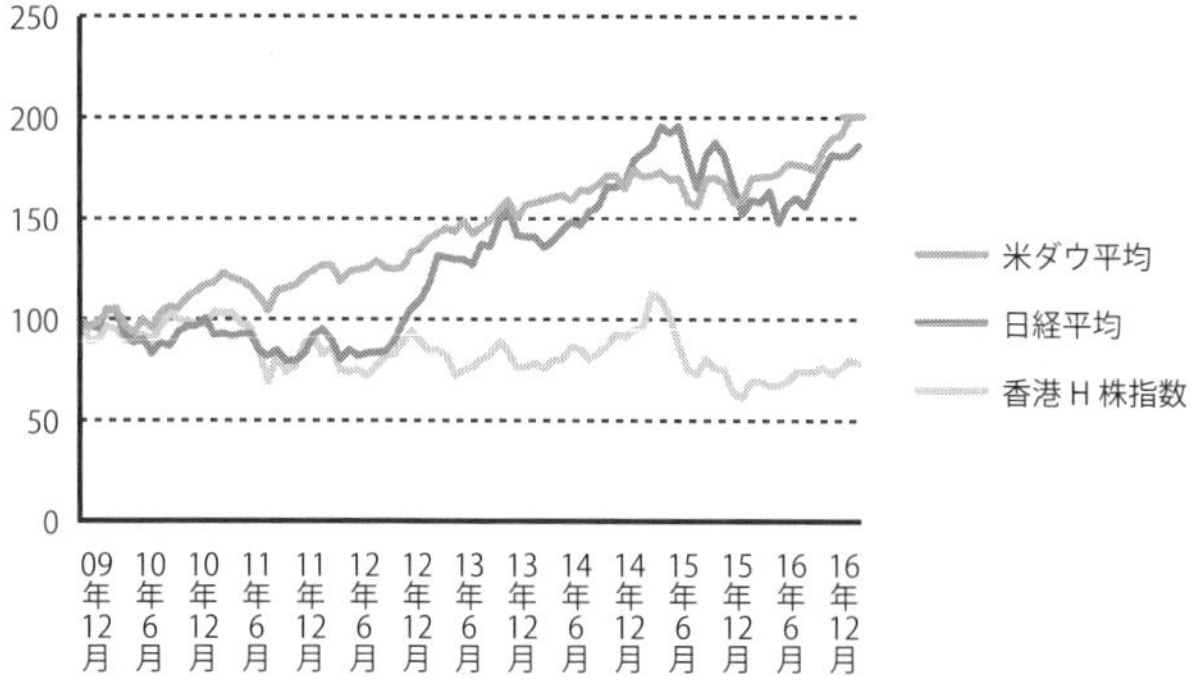

（注）2009年末を100として指数化

キがかかった場合に大きな影響を受けるのは、中国が圧倒的な買い手となってきた鉄鉱石などの資源だ。こうした考えから、オーストラリアやブラジルの資源大手の株式も空売りの対象になっている。

結果はついてきている。H株指数は07年の最高値をはるかに下回る水準にある。中国の景気減速や企業業績の鈍化を嫌気して、投資マネーが流出したためだ。最高値の更新が続く米国株とは対照的だ。

ブラジルなどが謳歌してきた資源ブームにも陰りがみられる。09年当時は異端視された中国の空売りが、チェイノスに果実をもたらしている。

気になるのは、なぜ早い段階からチェイノスが中国の空売りという独自の戦略を持つことができたかだ。まわりが買っているから自分はその逆を行くという単なる「コントラリアン（逆張り投資）」で中国に売り向かうには、あまりに相手が巨大すぎる。

結論をいえば、チェイノスは中国の弱気にたどり着くまでにあらゆる情報を独自に収集した。電力消費、石炭消費など実体経済にかかわるデータなど、手に入れられるものはすべて手に入れた。

中国の経済統計はもともと信憑性に欠ける。だから、中国に進出している米企業の財務報告書にもくまなくあたり、中国の実需の動向を別の角度からおさえる。信頼できる米企業の経営者の発言から中国経済の実体を探る。こうした独自の分析を積み上げることで、チェイノスは「中国売り」という決断に至った。この妥協のない、徹底した調査もチェイノスが長らく市場で成功してきた証である。

エンロンの闇を暴く

『地獄を見た11人の天才投資家たち』『The Story of Warren Buffett（ウォーレン・バフェット物語）』『The Fall of the House of Credit（住宅クレジットの崩壊）』『予想通りに不合理』――チェイノスがマンハッタンに構えるオフィス。幾何学模様のカラフルな現代絵画が、無味乾燥な空間に彩りを添える。会議室の壁にしつらえられた棚には、所せましと蔵書が並ぶ。いずれも投資に関連した本だ。『On Risk and Disaster（リスクと災難）』

などどちらかといえば市場の暗部に焦点を当てた本が多いあたりに、長らく空売り投資で生き残ってきたチェイノスらしさが見て取れる。本棚の端には弱気の象徴である熊（ベア）の彫像が飾られている。

白髪混じりの黄金色の髪をなでるように左右に分け、分厚いめがねをかけたチェイノス。ジムで鍛えているというだけあって、アメフトの選手のようにがっしりとしている。太い声の持ち主だが、語り口はいたってなめらかだ。どんな問いにも間髪を容れずにすらすらと言葉を投げ返せるのは、頭の回転が速い証だろう。

チェイノスの存在がウォール街中に知れ渡ったのは、あるひとつの投資案件がきっかけだった。

01年に経営破綻した巨大エネルギー企業エンロンである。

破綻の前年である2000年9月、『ウォール・ストリート・ジャーナル』紙があるコラムを載せた。エンロンの利益の計上の仕方が問題含みであることを指摘した内容だった。

南部テキサス州ヒューストンに本社を置き、総合エネルギー企業として革新を遂げてきたエンロン。新興勢力にもかかわらず、複雑なデリバティブを自ら開発し、天然ガス取引で業界の先頭を走る存在になっていた。自由化された米国の電力市場にも参入し、売上高は全米トップ10に入る巨大企業へと変貌を遂げた。幹部の社員は投資銀行マン顔負けの高給を得た。

ピカピカの優良企業であるはずのエンロンに何が起きているのか。記事をふと目にしたチェイノスは関心を抱いた。その週末は、エンロンがSECに出した年次報告書をじっくりと読む時間にあてた。

「何かがおかしい」

そう気づくまでに、それほどの時間はかからなかった。エンロンは簿外に約4000に及ぶ特別目的会社（SPE）をつくっていた。そうした会社とエンロン本体がデリバティブ契約を結んでいたが、資料のどこを読んでもその実態が見えない。

「どう分析しても、財務諸表のつじつまが合わなかった」とチェイノスは言う。時価会計の名のもと、顧客と契約した10～20年先までのエネルギー取引を直近の決算書に収益として計上していたという話も理解できなかった。

さらにケネス・レイ会長など経営幹部は、競うように保有する自社株を放出していた。代表的な投資指標を調べると、株価を1株あたり純資産で割って算出するPBR（株価純資産倍率）は約6倍だった。1～2倍程度の市場平均をはるかに上回っており、株価が割高なのは明らかだった。さらなる徹底した分析を経て、チェイノスは00年11月、エンロンの空売りを始める。

そのとき株価は60ドルだった。その後も投資家の熱狂はやまず、01年1月には80ドルまで駆け上がる。多額の含み損を抱えたチェイノスだが、時が来るのをじっと待った。

そして3月、今度は『フォーチュン』誌がエンロンの会計疑惑を取り上げる記事を載せた。これが大きな反響を呼び、株価はついに坂道を転げ落ちるように下げ始めた。

同年8月には、半年前にCEOに就いたばかりのジェフリー・スキリングが辞任する事態に発展した。「朝一番に出社し、一番遅く会社を出る生活を10年間続け、疲れ果てた」と理由を説明したが、額面通りに受け取る投資家はいなかった。

チェイノスは空売りのポジションを一段と積み増した。市場では突然の辞任にさまざまな憶測が乱れ飛び、株価は40ドル台まで急落した。

エンロンは自社株を担保に、簿外のSPEとデリバティブ契約を結んでいた。株価が上がっているうちはいいが、その逆になると簿外に出したエンロン株の担保価値がなくなり、エンロン自身が損失を計上しなければいけなくなる。株高神話の崩壊で、エンロンには巨額の損失が発生した。

不透明な会計処理を巡る市場の疑念が抑えられなくなり、資金繰りも悪化の一途をたどる。米同時テロから約3カ月後の01年12月、エンロンはこらえきれずに経営破綻した。米産業史上で最大級の破綻劇だった。

簿外のSPEでの損失隠し。都合のいい時価会計による利益の水増し。実態のない取引を売上高として計上する循環取引。後に明らかになったのは、エンロンがあらゆる粉飾に手を染めたブラック企業だったということだ。

エンロン破綻は大きな衝撃を与えた。監査を担当していたアンダーセンは破綻直前にエンロンの不透明な簿外取引の書類を破棄していたことが判明し、名門会計事務所は翌02年に解散に追い込まれた。

エンロンの不透明な会計処理にいち早く気づいたチェイノスは、多額の利益を得た。米投資情報誌『バロンズ』は、「エンロンにとどめを刺した男」として華々しく取り上げた。エンロン破綻の真実に迫り、アカデミー賞の候補にもなったドキュメンタリー映画『エンロン』では、チェイノスが繰り返し登場する。ここでも早い段階から市場に警鐘を鳴らしていた人物として紹介されている。

勝者の側に立ったチェイノスは、ウォール街から一目置かれる存在になった。一方の敗者の側にいたのは、エンロンのスキリング元CEOだ。破綻の無実を主張し続けたが、共謀と詐欺の罪が確定。今なお刑務所にいて、罪を償う日々を送っている。

ちなみに、チェイノスが成功したのはエンロンだけではない。80年代後半のジャンク・ボンドのブームや、2000年前後のITバブルの終焉を予見している。04年にはコスト構造が高すぎるとして、自動車大手GM株の空売りを始めた。危機後の「需要蒸発」と、退職者への年金や医療費など「レガシーコスト」の重荷で、GMは09年に経営破綻した。

「今日は環境保護を叫んでいる人に動揺してもらおう」

11年、ニューヨークの金融会合で講演したチェイノスはこう宣言した。このときに標的になったのは、太陽電池メーカーのファースト・ソーラーだった。売り推奨の理由として、天然ガスなどに比べた発電コストの高さを挙げた。

米政府の財政赤字が膨らみ、いずれ政府支援も減らさざるを得ない。発電コストを劇的に下げる技術革新は当面見込めず、市場の期待は高すぎると主張した。業績の悪化もあり、同社の株価は翌年、講演のころと比べて6分の1まで急落した。

エンロンの一発屋では終わらず、空売りというマイナーな投資手法で実績を積み上げてきたチェイノス。有力な年金基金や大学の財団が資金を預けてきたのは、たしかな運用手腕が評価されてのものだ。

空売りとの出会い

チェイノスはギリシャ系移民の子供として、中西部ウィスコンシン州ミルウォーキーの郊外で育った。1957年生まれで、父親はクリーニング店を経営していた。小さいころは、医者になるのが夢だった。

決して豊かだったわけではない。夏休みになると、必死にアルバイトをして学費を稼いだ。東部の名門イェール大学に進学し、経済学を専攻した。

空売りに身をささげる人生は、大学卒業後の進路でのある運命的な出来事がきっかけになっている。

チェイノスはイェール大学を卒業した82年に、中堅ギルフォード証券のシカゴ支店でアナリストの職を得る。初めて担当した企業が、総合金融サービス会社のボールドウィン・ユナイテッドだった。もともとはピアノの製造を手がけていたが、70年代から生損保や住宅金融を次々と買収し、総合金融サービス会社に生まれ変わっていた。

チェイノスはボールドウィンを分析するために、資料を読み込むことに没頭した。だがどんなに時間をかけても、たび重なる買収で複雑なコングロマリットとなった同社が、どのように利益を上げているのか理解できなかった。同社の幹部などあらゆる関係者に疑問点を投げかけても、満足する回答は得られない。

ある晩のこと、オフィスで遅くまで仕事をしていると、デスクの電話が鳴った。

「君がボールドウィンのことを嗅ぎ回っているジム・チェイノスか」

「そうだが、あなたは誰なのか」

「そんなことはどうだっていい」

質問をさえぎるように、電話の主が話し始めた。

ボールドウィンは不正に手を染めている。アーカンソー州の当局と交わした文書を見てみればいい。傘下の保険会社は必要な準備金を、買収資金として不正に流用している——。

まったくの初耳だった。その後もボールドウィンが巨額の負債をどう返済していくのか、調べれば調べるほど新たな疑問がわいた。チェイノスは覚悟を決め、82年の夏、同社株を売り推奨するリポートを出した。

当時はアナリストが買い推奨するのが当たり前の時代だった（今も状況が劇的に変わっているわけではないが……）。証券会社にとって株式や債券を発行する企業は顧客でもある。M&Aの助言などをする投資銀行部門と、アナリストがいる調査部門の間にあるファイアーウォール。当時は利益相反を避けるために設けられているはずの壁はないにひとしかった。

アナリストが買い推奨で企業を持ち上げ、投資銀行部門のバンカーが経営者にすり寄って案件を獲得する。そんなことが横行していた時代に、新米アナリストが初めて担当した企業で売り推奨を出す。それ自体が考えられないことだった。

チェイノスの警鐘は当初、市場で無視される。当時の強気相場の波に乗り、株価は上がり続けた。リポートを書いたときに24ドルだったボールドウィン株は、半年後には50ドルと2倍に上昇した。チェイノスの言葉を信じて空売りをしていたギルフォード証券の顧客からは、猛烈な抗議が上がり始めた。

シカゴの上司が何とか押し返してくれたが、ニューヨーク本社の幹部が危機感を抱き、チェイノスはあやうくクビになりかかった。

時はクリスマスシーズン。華やかな雰囲気とは裏腹に、24歳のチェイノスはみじめな気持ちでいっぱいになっていた。

そんな失意のどん底にあったクリスマスイブの夜、上司から1本の電話がかかってきた。

「アーカンソー州がボールドウィンの資産を差し押さえた！」

不正が発覚したボールドウィンの株価は急落した。翌年の83年にはわずか3ドルまで暴落した。同年9月、ボールドウィンは連邦破産法11条に基づく会社更正を申請した。当時として米史上最大級の倒産劇だった。市場で誰よりも早く警鐘を鳴らしていたチェイノスの存在が、にわかにクローズアップされるようになった。

「次はどの企業が危ないのか」

チェイノスの評価は一変した。ジョージ・ソロス、マイケル・スタインハート……、ヘッジファンドの錚々たる面々が、まだ大学を出たばかりの若手アナリストの次の一手を知りたがった。

ボールドウィンの一件から、チェイノスは二つの重要なことを学んだ。ひとつは、どんな局面でも自分の信念を貫き通すこと。市場は往々にして間違える。そんなときでもぶれない姿勢を持たなければ、厳しい市場で生き残ることはできない。

もうひとつの気づきは、空売りという投資手法は莫大な利益をもたらす可能性を秘めているということだった。市場が間違えれば間違えるほど、真実が明らかになったときに空売りで得られる利益は尨大になる。

アナリストとして、このまま投資家に情報を提供していくのか。むしろ自分で運用を始めたほうが得策ではないのか。

悩んだ末にチェイノスは、自らが投資家になることを決意する。その理由についてこう語る。「空売りなんて当時、ほとんど誰もやっていなかった。ウォール街では独自の領域を見つけて、それを上手にこなせれば、対価としてそれなりのお金を手にすることができる。私はその可能性に賭けたんだ」

ニューヨークに拠点を移したチェイノスは85年、意を決して自身のファンドを立ち上げた。まだ27歳。関心を持ってくれた富裕層の資金を集めて、キニコス・アソシエイツは産声を上げた。

スタート直後から快進撃が続いた。86年の投資収益は35％と、機関投資家が指標とするＳ＆Ｐ５００種株価指数の同年の上昇率（19％）を大幅に上回った。翌87年も27％と、5％高にとどまったＳ＆Ｐ５００種をしのいだ。若いながらもすご腕の投資家がいると、チェイノスの名は知れ渡っていく。

ちなみに社名の「キニコス」という言葉は、古代ギリシャに由来する。英語ではシニック（皮肉）を意味する。アテナイ郊外に住んでいた哲学者の一群のことで、既存の価値観をうのみにしない、あらゆるものに疑問を投げかけ、「デマゴーグ（古代ギリシャの煽動的な民衆指導者）」と対峙する存在だ。それはまさしく、空売り投資家チェイノスの姿そのものでもある。

ハンディを負った空売り

チェイノスが生業と定めた空売りは、株式を買って値上がりを待ついわゆる「バイ・アンド・ホールド（買い持ち）」に比べ、いくつかの点で不利な立場に置かれている。

ダウ工業株30種平均など主要な株価指数の長期チャートを見ればわかるが、株式相場は長い目で見て右肩上がりで推移してきた。経済の拡大に伴って企業収益は押し上げられ、株主の利益も増える。投資家が株式をずっと持ち続けていれば、株高の恩恵を受けられる可能性は高い。

空売りの投資家となると話は別になる。何より、上昇圧力がかかりやすい株式市場に真っ向から対峙する存在である。経営不振や不正会計に手を染めた企業を見抜き、いち早く株式を空売りしておかなければいけない。

株式の買い手の場合は、どんなに損失が出ても株価がゼロになればそこで終わる。反対に株価に上限はないため、空売りでは理論上、損失が青天井になる。株を借りる際には手数料もかかり、一般に投資家が手がけやすい手法とはいえない。

空売りは「株価の下げを助長している」との批判も常につきまとう。市場が緊迫している局面であれば、風当たりは一段と強まる。

リーマン・ブラザーズの経営破綻を招いた08年の金融危機。リチャード・ファルドCEOは、リーマン株への空売りを仕掛ける投資家のせいで経営危機に陥っていると強硬に主張した。

同年9月のリーマン破綻直後、米政府は金融機関の株式の空売りを全面的に禁止することを決めた。欧州でも、債務危機が表面化した10年にドイツなどが大手銀の株の空売りを禁じている。

このように、空売りはいつ規制されるとも知れないリスクと隣り合わせだ。空売り勢は、株式を買う場合と比べて運用に制約がかかりやすい。政策リスクを見極めながら、適切に投資判断をしていく作業は容易ではない。

これだけのハンディを抱えた空売りにもかかわらず、チェイノスは長い間、市場に勝ち続けてきた。いったい、なぜなのか。

それは自身の中に確たる「勝利の法則」を見いだしてきたからにほかならない。その土台にあるのは、必ず原典にあたるという調査のやり方だ。

「あまりに多くの投資家が、直接資料を読んでいないということに驚きを感じる」

チェイノスはそう語ったことがある。業界を担当するアナリストのリポートや、会社の経営者のコメントを頼りに企業を評価しようとする市場関係者があまりに多い。初めから他人の目を通したやり方では、企業の本質を見抜くことはできない。

「SECの提出書類を徹底的に読み込め」。部下のアナリストたちには、常日ごろからハッパをかけている。読み込むべきなのは、上場企業の損益計算書やバランスシートが載った四半期報告書（10Q）や年次報告書（10K）だけではない。買収の関連資料など企業経営にかかわるあらゆる文書が対象だ。分析の対象が増えるほど、利益の計上方法や買収に関連した会計処理に関する不可解な点を見つけやすくなる。

自らの力で企業の本質を理解したうえで、アナリストのリポートを読み、企業の経営者と面談する。そうすれば市場のコンセンサスと経営の実態のズレが見えてくる。本源的な企業価値よりも株価が過大に評価されていることがわかれば、絶好の空売りの機会になる。

チェイノスには空売りの企業を探す際に欠かせない、もうひとつの物差しがある。経営者の自社株の売却状況だ。一人だけでなく、複数の経営幹部が同じ時期に大量の持ち株を売っているときは、その企業の内部で何かが起きている可能性が高い。企業の最大のインサイダーは経営者にほかならない。その当事者が自社株を大量に処分するには理由があるというわけだ。また、経営幹部の辞任も重要な投資材料になる。

そういう意味で、エンロンは教科書のような事例だったといえるかもしれない。会長のケネス・レイ、CEOのジェフリー・スキリングは市場が同社の不審に気づく前から、大量の保有株を売却していた。チェイノスがおかしいと感じたのも、この自社株の大量処分がひとつのきっかけになっている。

バリュー・トラップ

徹底した調査、経営者の自社株の保有動向に加えて、チェイノスの運用戦略にはひとつの重要なキーワードがある。「バリュー・トラップ（割安の罠）」という概念だ。

ＰＥＲやＰＢＲなどの投資指標で見て、極端に割安になった企業があったとする。実際の企業価値に比べ、株価が大きく下げた銘柄を拾うバリュー投資家なら、割安なうちに投資を始めようとするかもしれない。

だがここで重要なのは、割安に放置された銘柄がすべて上がるわけではないという厳然たる事実だ。割安に見えるのは見かけだけで、実は株価の反転が見込めないほどに企業価値が毀損してしまっていることを、市場が気づいていないこともある。この現象を指して、チェイノスは「バリュー・トラップ」と呼ぶ。

具体的に見てみよう。チェイノスが槍玉に挙げた企業のひとつに、パソコン大手ヒューレット・パッカード（ＨＰ）がある。

「たび重なる買収で企業価値が破壊されている」

チェイノスは12年7月、ニューヨークの投資家向け会合でこう言い放った。ＨＰはパソコン事業の苦境を覆い隠すように巨額買収を繰り返しているが、実質的なキャッシュフローはほとんど増えていない。パソコンから携帯型端末への移行についていけず、本業不振で借金は積み上がるばかり。指標面から株価が割安に見えても、決して株価が上がらない「バリュー・トラップ」の状態にあるという主張だった。

その4カ月後の11月、HPが市場の話題を独占する事件が起きた。前年に約110億ドルを投じて買収した業務用ソフト大手の英オートノミーの不正会計がにわかに表面化した。8～10月期決算で88億ドルの減損処理を迫られ、2四半期連続で大幅な最終赤字の計上を迫られた。オートノミーは売上高の水増しや費用計上の仕方を操作し、実態より高収益の企業と見せかけていたことがわかった。HPの自己資本比率は10月末で21％と、その1年前から約9ポイントも急低下した。

巨額赤字を発表した当日、HP株は一時約15％急落し、約10年ぶりの安値に沈んだ。HP株を巡っては、ヤクトマン・アセット・マネジメントなど米国を代表するバリュー投資家たちがこぞって投資していた。だが株価は上がるどころか、不正会計の発覚で株安が止まらなくなった。一方のチェイノスはこのときまでに空売りしていた株式を買い戻して、巨額の利益を確定させていた。

チェイノスが不正会計そのものを指摘していたわけではなかった。だが無謀な買収が、企業の稼ぐ力を示すキャッシュフローを大幅に悪化させていたことを見抜いていた。特にオートノミーは、HPに買収される以前からチェイノスが空売りをしていた銘柄でもあった。

ほかにも「バリュー・トラップ」に陥った銘柄はあるのか。チェイノスは、米国のシェールガス革命が収益の逆風になる米石炭大手や、中国の需要に過度に依存してきた豪州の資源大手を挙げる。13年に入ってからは、同じく中国の需要低迷が長期化するとして、世界の建機最大手である米キャタピラーの空売りを始めたと宣言した。

チェイノスの強みは、財務諸表を読み込むことで企業の問題点をあぶり出す能力だけではない。緻密な分析とともに、遠視眼的に産業を俯瞰する視野も持ち併せる。業界の構造変化に、経営が追いついていない企業を見いだすこと。パソコン依存から抜け出せないHPはその典型だった。

「パソコンの衰退」といったテーマから関連する企業を拾い出し、徹底的に財務を分析する。その中で、実際の企業価値よりも割高になった銘柄を絞り込んでいくのがチェイノスのスタイルだ。マクロのテーマから出発する「トップダウン」と、個別の財務分析を重視する「ボトムアップ」をバランスよく融合させた投資スタイルが、チェイノス流の空売りの本質である。

空売りは「市場の探偵」

一般に空売りというと特殊な運用手法のように響くが、その歴史はずいぶんと古い。世界初の株式会社とされるオランダ東インド会社が設立されたのは1602年。このときすでに、空売りで儲けた投資家の話が伝わっている。1610年には東インド会社がアムステルダム証券取引所に強く抗議し、空売り禁止令が発令された。

米国では、20世紀前半に活躍した伝説の投機家ジェシー・リバモアの名が語り継がれている。1907年ごろ、ウォール街の証券会社の経営危機にいち早く気づき、大量の空売りで巨額の利益を上げたことで知られる。このときニューヨーク市場は崩壊の瀬戸際まで追い込まれ、名門モルガン家による救済でなんとか危機を乗り切った。

近年では1992年のジョージ・ソロスによる英ポンド売りが有名だ。当時、英国は自国通貨のポンドを実質的にドイツのマルクに連動させていた。だが英国は不況下にあり、ポンドは過大評価されていた。

こう見抜いたソロスは大量のポンドの空売りを仕掛け、イングランド銀行と真っ向から対峙することとなった。結局、この勝負はソロスに軍配が上がった。このときから「偉大なる投機家」として世界中の注目を集める存在になる。

ただし、いつの時代も、空売り投資家は「悪者」扱いされる存在でもある。空売りを仕掛けることによって市場を攪乱し、社会を不安定にしているとの批判が容赦なくふりかかる。1929年の大恐慌、1987年のブラック・マンデー、2008年の金融危機……、株式相場が急落した歴史的な下げ相場では、決まって「空売り犯人説」が浮上した。市場の混乱が収まるまで、金融当局が空売り禁止に踏み切るというのも共通した歴史である。

はたして、空売りは「不幸の運び屋」なのか。

チェイノス自身は、こうした空売り悪玉論に一切くみしない。世間の冷たい視線にも動揺する素振りを見せたことがない。それは、自らが企業や市場に規律をもたらす「善なる投資家」との信念があるからだ。

「空売りは市場の探偵役だ」

これがチェイノスの口癖である。不正に手を染めている企業にいち早く気づき、市場に警鐘を鳴らす。SECをはじめとする当局は、何かが起きてしまった後で問題に対応し、改善策を講じる役目を担う。一方で、空売り勢は市場を嗅ぎ回る。リアルタイムで進行する企業の問題にいち早く気づき、空売りをする。

火のないところに煙は立たない。その行為がやがて幅広い投資家の注意を引くことになるだろう。不正は白日の下にさらされ、その企業に審判が下される。

事後に問題に対処する金融当局が「考古学者」の役回りだとすれば、空売りはその場で不正をあぶり出す「探偵」といえる。

08年に米国で発覚した過去最大級の金融詐欺であるマドフ事件も、「もしマドフのファンドが上場していれば、被害が拡大する前に犯罪行為が暴かれていたはずだ」とチェイノスは力を込めて語る。

もっとも、空売り投資家は誰もがなれるものではない。

自分の思惑とは反対に株価が上がり、日に日に損失が膨れ上がることは往々にしてあ

チェイノスは自らを株式市場の探偵役と位置づける（ニューヨーク証券取引所）。
写真：Emily Hey

る。しかも損失は青天井ときている。

株式市場はほとんどが買い手である。空売りをしている投資家の数は極端に少なく、まわりに仲間がいるわけでもない。株価上昇の苦しい局面でも自分が正しいと信じ、じっとこらえる精神力は並大抵のものではない。

周囲の視線はいつも冷たい。それは、空売りの標的になった企業の経営者に限らない。株高を期待する一般投資家、政府や規制当局などあらゆる方面から敵視される存在だ。それでも動じることなく、自分の信念を貫き通すのはきわめて困難な作業だ。

だからこそというべきか、チェイノスは「こんなにやりがいのある職業はない」という。

「経営者が伝える言葉をうのみにしない。複雑なパズルを自分で解き、真実を明らかにする」。その醍醐味は何にも代え難いという思いがある。

空売り投資家になるには一定の「資質」も必要だ。チェイノスは「昔は訓練を重ねれば、どんな人でも優秀な空売り投資家になれるのだと思っていた。だが、その考え方は間違っていた」と話す。そして、こう続ける。

「他人に間違っているとずっと言われ続けながら、それでもそうした意見に抵抗していくのはとても大変な作業だ。真の空売り投資家なら、反対の声にじっと耳を傾ける。何か自分が知らない情報が含まれていないかを確かめたうえで、『あなたの考えはわかったが、私は違う』と主張する。これができる人は意外に少ない」

他人の話をそのまま受け取らない批判精神。知的好奇心が強く、何事にも疑問を持つこと。問いが浮かんだら、その解を得ようとする能動的な姿勢も必要だ。タフな精神力と合わせ、こうした条件を兼ね備えた人材が、空売り投資家には向いているのだという。

チェイノスに一度、「個人投資家でも空売りで成功することはできるのか」と聞いてみたことがある。しばらく考えると、「空売りは難しい投資手法なので、プロに任せるのが賢明だろう」と答えた。ただ「投資先の企業の空売り比率が高い場合は注意したほうがいい」とも付け加えた。

空売りされる企業には必ず理由があるからで、「その場合はもう一度投資に値する企業であるかを再考したほうがいいと思う」。空売りで大きな収益を上げるのは容易ではないが、「空売り」という事実そのものは重要な投資の材料になる。これが世界最大の空売りファンドを運用する投資家のメッセージである。

会計を学べ

チェイノスは多様な顔を持つ。空売り投資家にして、現代美術の熱心な収集家でもある。ここ数年は、学生時代の恩師でもあるイェール大学学長の強い勧めもあり、母校で教鞭を執っている。担当する講座は「歴史における金融詐欺」。MBAを目指す学生が集まるビジネススクールで、1回あたり3時間の集中講義を受け持つ。

集中講義では金融詐欺の事例を取り上げながら、なぜ人々は不正に手を染めるのかをじっくりと考察する。チェイノスの知名度の高さと、講座の興味深い内容とが相まって、教室はいつも満員だ。

たとえばスコットランドの実業家ジョン・ローによって誇張されたフランス領ミシシッピの開発計画が、熱狂的な投機ブームを引き起こした18世紀初頭の「ミシシッピ計画」。「マッチ王」として知られたスウェーデンの実業家、イーヴァル・クルーガーが築いた帝国の崩壊による1930年代の「クルーガー恐慌」。歴史に残る大事件から、2000年代のエンロン事件までチェイノスは数々の事例を扱う。

「あなた方が将来、何がしかの不正に出くわす可能性は十分にある」

チェイノスは学生に向かって語りかける。好んで取り上げるのは次のようなデータだ。ある米業界誌が実施したアンケート調査によれば、企業のCFOの実に45％が、トップのCEOから決算書を都合のいいように操作できないかと依頼されたことがあると答えた。

金融詐欺の魔の手はいたるところに伸びている。経営者は私利私欲ではなく、従業員や株主にとって何が最適なのかを考えて、正しく行動する姿勢が欠かせない。MBAの学生が金融詐欺について学ぶことは、自らが将来、不正の誘惑に負けない耐性を養うことにもつながる。

「何を一番勉強すればいいですか」。学生から問われることがあれば、チェイノスは迷わず「会計」と答えている。

金融や企業会計の専門コースを取得するのはとてもいいアイデアだ。「結局のところ、ビジネスは数字がすべて」だからだ。損益計算書など財務諸表から企業の実態を正しく理解することができなければ、投資家にも経営者にもなることはできないという。

イェール大学はニューヨーク州の隣、コネティカット州の小さな大学町ニューヘイブンにある。講義が終われば、近所のピザ屋へ学生を誘い、ビールを飲みながら談笑する。一見するとこわもてのチェイノスだが、そんな面倒見のいい一面も持ち併せている。

最大の試練

空売り投資家として不動の地位を築いてきたチェイノスだが、ここ数年は旗色が悪い。「今ほど、株式投資が難しい時期はない」。13年末、マンハッタンの高級ホテルで開かれた投資家会合で、メインスピーカーとして登場したチェイノスは珍しく「弱音」を吐いた。

FRBによる米国債の購入を柱としたQE3に続き、日銀やECBも金融緩和に動く。先進国の大胆な緩和政策で余剰マネーが株式市場に流れ込み、米国株はほぼ一本調子で上がり続けた。

締め上げられたのは、チェイノスのような空売り投資家である。運用成績の悪化で、閉鎖に追い込まれた空売り専門のファンドもある。運用を始めて30年弱。「上昇相場をしのぐ方法はわかっている」とかねて語ってきたチェイノスだが、表情はさえない。半導体や石油大手など、業界の構造変化を読み取り、空売りをしてきた銘柄がことごとく上昇したからだ。

時がたつにつれて立場はますます厳しくなっているようだ。

ダウ工業株30種平均は17年に入って初めて2万ドルの大台を超えた。トランプ大統領の誕生に伴い、大型減税や大規模な財政出動への期待から上昇に弾みがついた。

チェイノスは17年時点で、米建機大手キャタピラーや米電気自動車（EV）メーカーのテスラ、中国のアリババ集団などを空売り対象としているが、いずれの企業の株式も底堅く推移している。

チェイノスは「トランプは親ビジネスというが、数カ月で政権の評価をできるものではない」との考えだ。

2000年にブッシュ政権が登場した際も「親ビジネス」とされたが、その後のエンロンやワールドコムの不正会計で流れが変わった。市場の信頼を回復するために、「企業改革法（SOX法）」が生まれ、自由な企業経営とは反対の規制が導入された。

チェイノスには今の株式市場が楽観に染まりすぎているように見える。世界屈指の空売り王に我慢の日々が続く。

第5章 David Einhorn
デイビッド・アインホーン

有力ヘッジファンド、グリーンライト・キャピタル創業者。2008年9月に破綻したリーマン・ブラザーズの経営不振を見抜いた、空売りの旗手。買いも手掛け、アップル株を長期保有している。96年のファンド設立以来の運用利回りは年率約20%。14年にりそなホールディングスへの投資を明らかにするなど日本市場への関心も高めている。

写真◯ロイター／アフロ

リーマン危機の予言者

アインホーンの教え

○強い意志を持ち、辛抱強くあること
○確信が持てる銘柄だけに投資する
○空売りはある日突然大きな利益が出る
○投資で大切なのは負けないこと

フロリダに飛ぶ

ニューヨークのラガーディア空港から飛行機を乗り継ぎ、南に約5時間行くと、フロリダ州北西部の小都市パナマシティの真新しい空港に着く。入り組んだパズルのように沼が点在し、うっそうと茂る木々が根を張る湿地帯だ。空港でレンタカーを借り、道幅をたっぷりと取った車道を進む。

日差しはまぶしい。降りそそぐ豊かな陽光は「サンシャイン・ステート」と呼ばれるフロリダらしいが、マイアミなどフロリダ半島の底抜けの明るさとはどことなく雰囲気が違う。このあたりは隣り合うアラバマ州やジョージア州とともに、人々の暮らしぶりが豊かとはいえない米国のディープサウス（深南部）の一角に位置している。

それでも海辺まで来ると、一気にリゾートらしくなった。海岸通り沿いには、豪奢なコンドミニアムがずらりと建ち並ぶ。明るい陽光に照らされた物件はどれも新しく、魅惑的に映った。

ニューヨークやボストンなど北東部に住む豊かな人々が、寒い冬を避けるためにやってくる「セカンド・ホーム」。あるいは、温暖な気候を求めて中高年の夫婦が退職後に移り住む場所。そんな狙いを込めてつくられたリゾートであるのは間違いなさそうだった。

だが、計画通りに事が運んでいないことはすぐにわかった。道路から目立つように、「売り出し中（for sale）」の看板が、多くの家屋に掲げられていたからだ。

フロリダ州は住宅バブル崩壊で大きな打撃を受けた

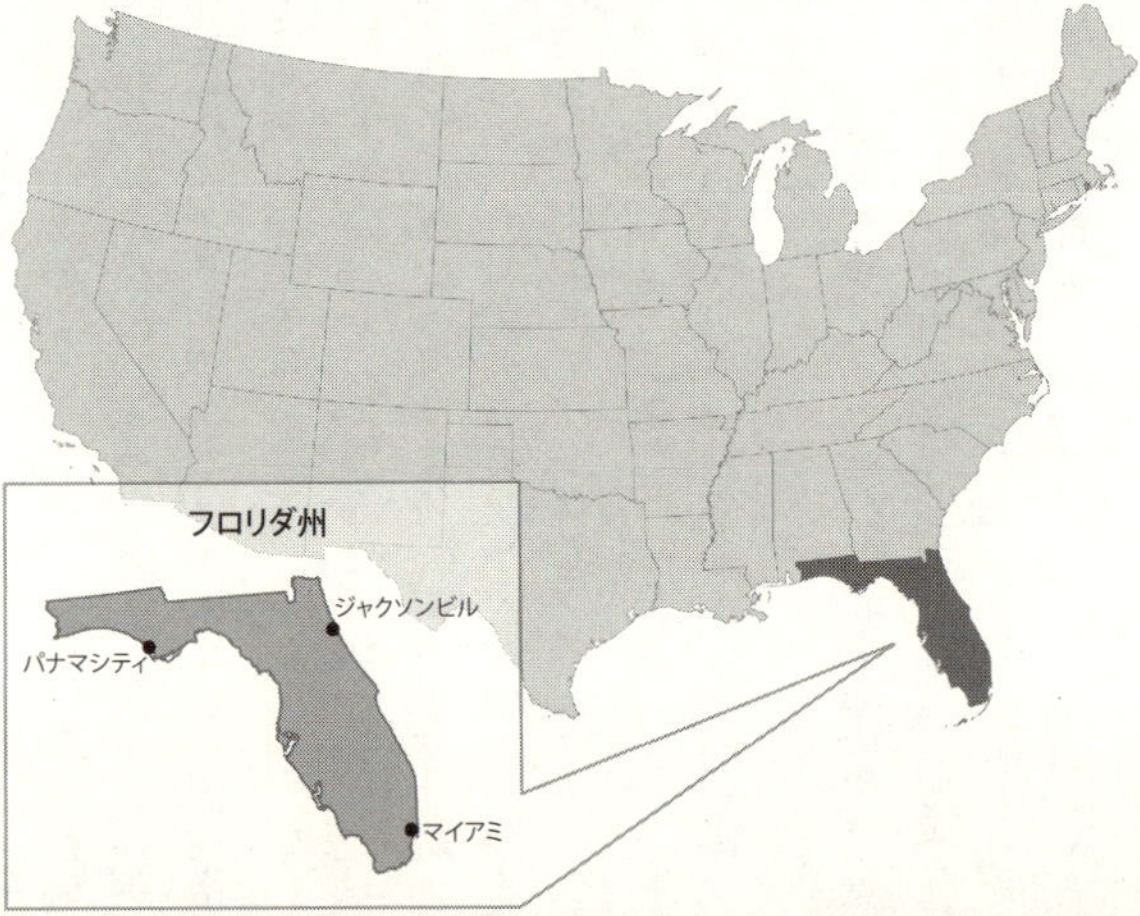

開発が途中で止まった無人のコンドミニアム（フロリダ州パナマシティビーチ）。
筆者撮影

時は2010年暮れ。住宅バブル崩壊の痕跡は、いたるところに見て取れた。

「（金融危機前は）湯水のようにお金を貸していた大手金融機関が、今や住宅の差し押さえに躍起になっている。住宅ローンの審査も厳しく、家計に余裕がある人でも家を買うのが難しくなった」

現地で不動産仲介業を営むマッケイさんは、手のひらを返したような金融機関の姿勢に怒りを隠せない様子だった。冬はハイシーズンのはずなのに、ホテルにも、豪華なショッピングモールにも、あまり人の気配がなかった。

このパナマシティのリゾート開発を主導してきたのが、不動産開発大手セイント・ジョーだった。ニューヨーク証券取引所に上場するフロリダ有数のディベロッパー。特に開発が遅れていたパナマシティに注目し、巨額の資金を投じてリゾート化を推進した。

だが、住宅バブルの崩壊はフロリダ全土を直撃した。パナマシティも例外ではない。住宅価格はピークだった06年から10年までに半値近くの水準まで急落した。

そして追い打ちをかけるように、10年秋、セイント・ジョーの屋台骨を揺るがす激震が起きた。

震源地は、フロリダから遠く離れたニューヨークの観光地タイムズスクエア。ここにある高級ホテルで、「不幸の使者」として知られる著名投資家デイビッド・アインホーンの放った一言が、同社を奈落の底に引きずりこんだ。

「セイント・ジョーは保有不動産を実態よりも過大に評価している」——。

有力投資家が投資アイデアを披瀝する、年に一度の金融会合「バリュー・インベスティング・コングレス」。満席の会場で、アインホーンは耳慣れない企業について語り始めた。会場がにわかにざわつき始める。話はまだ始まったばかりにもかかわらず、片手にブラックベリーを握りしめ、何人もの聴衆が慌ただしく席を立つのが見えた。目的はただひとつ、他人に先駆けてセイント・ジョーの空売り注文を出すためだ。

アインホーンは139ページもの詳細なスライドを使い、なぜセイント・ジョーを空売りリストに加えたのかを説明した。語り口は理路整然としている。何よりその分析力は驚嘆に値した。

バランスシートを丹念に読み込むだけではない。部下のアナリストがパナマシティに飛び、セイント・ジョーの分譲地を自らの足で訪ねた。そこで見た空き家ばかりの「ゴーストタウン」の様子をビデオで撮影した。現地で登記簿を調べ、海岸に面した価値の高い土地以外はほとんどが売れ残っている事実を突き止めた。

調査に要した期間は5年にわたる。アインホーンは同社の無謀な拡大路線を批判したうえで、「20~28ドルで推移してきた株価は、実態は5~7ドルの価値しかない」と結論づけた。

アインホーンの絶大な知名度と、その評価を支える徹底した調査能力。市場は瞬く間に反応し、講演から約40分で同社の株価は10％急落した。

その2カ月後、私自身も実情を確かめるべく、パナマシティに飛んだ。海岸から内陸方面に車で20分ほど行ったところに、同社のリゾート分譲地のひとつ、「ウォーターサウンド」があった。幹線道路沿いにある豪華な入り口から細長くうねる道を1キロメートルほど走り、ようやく目的の場所にたどり着く。

敷地は広大だった。約1400戸分の土地があり、区分けもされている。しかし、実際に家が建っているのは4、5軒だけだった。ゴルフ場もプールも完備した一大リゾートだが、敷地内は森に覆われた文字通りの「ゴーストタウン」になっていた。

05年に開発されたときは、寒い冬を避けて北東部からやってくる人々の「セカンド・ホーム」を当て込んでいた。だが現実は厳しかった。敷地内の販売センターの担当者に話を聞くと、「彼らの需要はもうあまり期待できない。地元の人が購入できるように、分譲地のあり方を見直すことも検討している」とさえない表情で語った。

アインホーンに名指しされた後、セイント・ジョーは適切に会計処理をしていると反論した。アインホーンも一歩も引かず、両者がにらみ合う展開になった。

その間も土地の販売は芳しくないままだった。経営への信認も揺らぎ、11年には経営陣が大幅に入れ替わる事態に発展した。12～13年にフロリダの住宅市況は持ち直したが、セイント・ジョーは苦境から脱していない。

株価は14年5月で19ドル前後。アインホーンはまだまだ下がる余地があると見て、空売りのポジションをいまだに解消していない。一度狙いを定めたら決して諦めない執念深さがここにも表れている。

リーマンの不正会計を見抜く

アインホーンは空売りの旗手として、ウォール街では広く知られた存在だ。その評価を不動のものとしたきっかけは金融危機だった。

危機のピークが、08年9月のリーマン・ブラザーズの経営破綻であったことに異論はないだろう。リーマンは強欲なウォール街の象徴的な存在でもあった。自己資金を使ってリスクの高い投資に走り、極端なレバレッジで利益を膨らませた。経営陣はウォール街でも指折りの高い報酬を得た。

リーマンの破綻に至るドラマで、決定的な役割を演じたのがアインホーンである。リーマンの不透明な会計処理に誰よりも早く気づき、同社の株式を空売りした。それを公言することで市場の疑念が強まり、リーマンは破綻まで一気に追い詰められていく。

今では伝説のようになっているのが、アインホーンによる08年5月の講演だ。小児がん患者の支援を目的に、ニューヨークで毎年開かれている「アイラ・ソーン投資コンファレンス」。名だたる有力投資家が一人ずつ壇上に立ち、15分ほどの短い時間で投資アイデアを披瀝する。

アインホーンがこのとき掲げたタイトルは「会計の巧妙な工夫」だった。当時はサブプライムローン問題が表面化し、住宅ローン関連証券の価格が急落していた。ウォール街の多くの金融機関が損失の計上を迫られていたが、アインホーンはリーマンがほとんど無傷であることに疑問を抱く。

決算発表の資料を分析して、ある異変に気づく。直近の四半期（07年12月〜08年2月）決算で同社は住宅ローンなどを束ねて組成した資産担保証券（ＡＢＳ）についてわずか3％しか評価損を計上していなかった。ＡＢＳの市場価格がこの間、10％も下げていたにもかかわらずである。

リーマンは決算会見から約3週間後、ＳＥＣに正式な四半期決算の報告書を提出した。この56ページ目に、リーマンがひっそりと65億ドルの債務担保証券（ＣＤＯ）を保有していることを開示したのをアインホーンは見逃さなかった。

ＣＤＯは住宅ローンなどあらゆる資産を組み入れた複雑な証券化商品で、住宅バブル崩壊に伴って損失の拡大が懸念されていた。リーマンは決算会見の時点で、ＣＤＯを持っているかどうかについては一切情報を開示していなかった。

ＣＤＯ保有を表ざたにしたくない意図は明らかだった。

「（ＣＤＯやＡＢＳの）評価減も少なすぎる。市場の実態と合っていない」

異変に気づいたアインホーンは講演前、リーマンのエリン・キャラン最高財務責任者（CFO）と直接やりとりし、こう詰め寄った。キャランは「検討してから折り返す」とし、しばらくしてから「次の四半期にさらなる減損をするつもりだ」と回答した。なぜ前の四半期で適切な会計処理をしなかったかについては、納得できる答えが得られなかった。

アインホーンはニューヨークでの5月の講演で、キャランとの詳細なやりとりをすべて公開した。リーマンの会計処理が自社の都合のいいようにいかに操作されてきたか。経営状態はもっと悪化しているのに、それが「巧妙な会計」で見えにくくなっているだけだ。

「コックス（SEC委員長）、バーナンキ（FRB議長）、ポールソン（財務長官）にはリーマンがもたらす金融システムのリスクに気づいてほしい。リーマンが損失を計上し、資本を強化するように促してほしい。願わくは、税金による公的資金の注入が必要となる前に」

アインホーンは警鐘を鳴らした。そして、そのわずか4カ月後、このときの懸念は最悪の形で結末を迎えることになる。

しかし、アインホーンは招かれざる客だった。講演後は各方面から集中砲火を浴びた。リーマン株の空売りを公にしたのは、株価急落を誘導して自分だけが手っ取り早く利益を上げるために違いない、細かいところをあげつらっているだけで、「チェリーピッキング（いいとこどり）」の批判は免れない――そんな声が市場で渦巻いた。

ウォール街きっての美人CFOともてはやされていたキャランは、繰り返しCNBCに姿を現した。経営不安を打ち消すとともに、アインホーンのやり方を批判した。アナリストやジャーナリストも、ほぼ無名のアインホーンよりも、防戦に回るリーマンにおおむね同情的だった。

だが最終的に軍配はアインホーンに上がる。講演からほぼ1カ月がたった6月中旬、リーマンが発表した3〜5月期決算は上場以来で初めての最終赤字になった。住宅ローン関連など証券化商品の評価損が一気に積み上がった末の転落劇だった。

キャランは経営責任を取り、CFO職を解かれた。

リーマン株は下げが止まらなくなった。経営陣は空売りの投資家を悪者扱いしてきたが、自らの経営不安が高まるに及び、その言葉は説得力を失った。

金融市場の信用不安はピークに達し、同社の資金繰りもままならなくなる。そして9月15日、1850年創立の名門証券会社は経営破綻へと追い込まれた。リーマン破綻をきっかけに、米国発の金融危機は世界中を巻き込んだ大惨事となっていく。

周囲の激しい批判を浴びながらも、アインホーンは自らの信念を貫いた。出演した経済テレビ番組では動揺した素振りを見せることもなく、リーマンの不透明な会計を淡々と批判し続けた。

市場関係者が両者の戦いの行方を見守るなか、リーマンに勝利したアインホーン。このときから、すご腕の投資家としての評価は不動のものとなる。

企業の不正を見抜く空売りの経験を通じ、アインホーン自身には二つの不信感が生まれた。ひとつはSECに代表される監督当局のことだ。レバレッジを過度に膨らませたリーマンをはじめとする金融機関のやりすぎを、SECが放任してきたのは許されるものではない。

SECはヘッジファンドが秘密の情報を得て、どんな不正を働いているかの調査にはいつもご執心な様子だ。一方で、企業の経営陣が本当に正しく情報を開示しているのか、実態よりもかさ上げされた収益をもとに、経営者が行きすぎた報酬を得ていることはないか――そういったことに当局が思いを巡らせることはほとんどない。投資家よりも企業の不正にもっと目を向けるべきなのではないか。リーマンの空売りの経験を経て、アインホーンはそんな思いを強く抱くようになった。

もうひとつの不信はメディア報道のあり方だ。リーマンの事例では、空売りしているアインホーンが一方的に悪者と決めつけられた。かつて、不正会計に手を染めた投資会社アライド・キャピタルを空売りしたときも同じだった。

『ワシントン・ポスト』、『ニューヨーク・タイムズ』、『ウォール・ストリート・ジャーナル』……、米有力紙の金融記者と面会し、アライド社の不正のカラクリを詳しく説明した。それでも記者がこの問題を正面から取り上げることはなかった。

アインホーンは「メディアは複雑な金融事件の徹底的な調査を驚くほど嫌がっている」ことを学んだ。詳細な分析が求められる調査報道をできる能力のある人材が、メディア業界にほとんどいないことに気づいたという。

リーマンの空売りで名を上げたアインホーンだが、成功に至るまでには曲折もあった。90年代後半には時代遅れになったコンピューターの教育関連会社を空売りしたことがある。このときは投資信託会社の大量買いで株価が上昇してしまい、やむなく株式を買い戻して損失を確定させた。その後、収益悪化で株価は急落したが、時すでに遅し。この失敗体験からアインホーンは「強い意志を持つこと、もっと辛抱強くならなければいけないことを学んだ」。

空売りは投資を始めてすぐに成果が出るものでもない。成功する空売りは「当初は損失が膨らんでいくが、ある日突然大きな利益が出るというケースがほとんど。たった1日で利益が出ることも多い」という。

収益の下方修正や経営陣の突然の辞任など何か悪いニュースをきっかけに、市場の楽観論が修正され、株価が急落する。こうした局面になって、ようやく空売りの投資家は報われる。空売りは買い手よりもいっそうの辛抱強さが求められる投資スタイルといえる。

バフェットを敬愛

アインホーンには決して忘れられない思い出がある。時は03年。ニューヨーク・マンハッタンでもっとも有名なステーキ店「スミス・アンド・ウォレンスキー」で、アインホーンは憧れのウォーレン・バフェットと向かい合った。米国のバリュー投資の大御所であるバフェットは毎年、慈善活動の一環として自分と一緒にランチをする権利を入札にかけてきた。

アインホーンはこれを25万ドルで落札したのだ。ランチの席でバフェットは10代のころにAT&T株を空売りした思い出や、株式を空売りして利益を上げることの難しさについて語ったという。

アインホーンがバフェットを敬愛するのは企業の本質的な価値を見抜く能力において、バフェットの右に出る者はいないからだ。企業の公開情報を手がかりに、経営の安定度や収益力を分析し、世界で尊敬を集める存在になった。バフェットが企業の年次報告書の大ファンであることはよく知られた話だ。

一方のアインホーンは40代とまだ若い。バリュー株の発掘で世界の大富豪に上り詰めたバフェットとは違い、空売りの名手としてウォール街の注目を浴びてきた。表面的にはバフェットとの違いは大きいようにも見えるが、両者は投資哲学の深いところでつながっている。

企業の財務報告書など、徹底的に原資料を読み込んで企業価値をはじき出そうとする姿勢。シンプルだが、妥協のないアインホーンの分析の手法はバフェットに通じる。セイント・ジョーの空売りを決めるまでに5年の調査期間を要したというエピソードからも、その徹底ぶりはうかがえる。

バフェットとアインホーンが、競争の熾烈な市場で生き残ってきたのには別の理由もある。株価が十分に上がる（下がる）ことがなくても一定の利益を上げられる「安全性のゆとり（マージン・オブ・セーフティー）」を何よりも重視してきたという点だ。

ためしに投資を検討している企業を1から10までランク付けしたとする。1は買い手としてもっとも値上がり益が期待できる銘柄、10は空売りした場合にもっとも収益が見込める銘柄を指す。

あなたならいったい、どのランクに投資をするか。一般的には買いなら3、4、空売りなら7、8に資金を振り向けることが大半だ。というのもこのあたりに分布する銘柄数は多く、投資先を見つけるのはそれほど難しくないからだ。うまくいけば、それ相応の投資収益を上げることもできる。

アインホーンの場合は違う。「買いの場合は1と2、空売りの場合は9、10に該当するという確信が持てる銘柄にしか投資はしない」と断言する。こうした銘柄群を絞り込めれば、万が一株価の値動きが思惑通りにならなくても大きな損失を被る可能性は低い。逆に狙い通りになれば、得られる収益はとても大きくなる。

だが、言うは易く行うは難し。大多数の市場関係者をはるかにしのぐ根気と分析力がなければ、こうした銘柄を発掘することはできない。その時間も忍耐も求められる困難な作業を、アインホーンは実直にこなしてきた。このようにして、バフェットの言う「安全性のゆとり」の境地にまでたどり着ければ、相場で負けることはおのずと少なくなる。

アインホーンはかねて「負けは恐ろしい。せっかくの勝ちを相殺して、差し引きゼロにしてしまうからだ。われわれは投資のたびに資金を失わないように心がけている」と語ってきた。これもまた、バフェットが掲げる次の投資の3カ条と呼応する。「ルール1　お金を失わない。ルール2　ルール1を忘れない。ルール3　借金をしない」

中途半端なままに投資をすれば、痛い代償を払う可能性は高まる。アインホーンは常日ごろからこんな思考を巡らせる。株式を自分が買ったときには、反対側にそれを手放した売り手がいる。その売り手は、投資先の企業を理解したうえでここが売り時と判断しているはずだ。自分が相手よりも投資先の企業のことを深く理解していなければ、その売り手に勝つことはできない。

はたして自分にはそこまでの確信があるのか――自問自答を繰り返しながら、冷徹な市場に自分が打ち勝てるのかを徹底して問う。そこまでやるのが、投資家として生き残る道だと説く。

アインホーンは空売りで名をはせてきたが、ジム・チェイノスのような空売り専門ではない。むしろ、全体では買いの比重を高めてきた。それは「買いのほうが勝ちやすい」という考えがあるからだ。

株式相場は長い目で見れば上昇する傾向にある。バブル崩壊後の日本は例外にして、経済成長に伴って各国の株価指数は右肩上がりで推移してきた。その自然な法則に沿うように投資したいというのがアインホーンの思いだ。「下げ相場でしか勝てないような投資を実践するのは心理的にも苦しい」とも言う。したがって、空売りは買いの半分程度に抑えている。

集中投資を好んでいる点もバフェットに似ている。限られた有望銘柄に絞り込むことで、投資収益を高めようとする戦略だ。

このやり方は、コロンビア大学教授でバリュー投資の伝統をくむジョエル・グリーンブラットから学んだという。同教授は「8銘柄を保有すると、1銘柄だけを持つリスクの81％を低減でき、32銘柄を保有すると96％のリスクを低減できる」との理論を提唱した。そして、次のような結論を導き出した。

「異なった業種の株式を6～8銘柄持てば、リスクを減らす目的でさらに銘柄を増やすメリットはごくわずかになる」

アインホーンが率いるグリーンライト・キャピタルでは、ひとつの銘柄の買い持ちに資金の最大20％、主要5銘柄の買い持ちに全体の30～60％を配分している。運用資産は10 0億ドル前後とされる。これだけの規模での集中投資となれば、1件あたりの投資金額も大きい。

参考までに、14年3月末時点の組み入れ銘柄のトップ5（金額ベース）を見てみよう。ITのアップル、半導体のマイクロン・テクノロジー、マーベル・テクノロジー・グループ、医療保険シグナと続く。エネルギー企業にも投資をしており、集中投資を標榜しながら、同時に異なる業種をバランスよく組み入れているのがわかる。

買いにも空売りにもそれぞれにメリットはある。目標とするのは、どの投資でも利益を出すこと、そして少なくとも資金を失わないことである。そのためには、株価が十分に割高または割安になっている必要がある。まさしくバフェットを成功に導いた「安全性のゆとり」にそのまままつながる理念だ。投資哲学において、アインホーンがバフェットの継承者という声が多いのは十分に根拠があるのだ。

20代で独立

アインホーンは68年に生まれた。米国のファンド業界では若い世代に入る。すらりとした長身で、くりくりとした目玉が印象的な童顔でもある。やや甲高い声で話す姿は、実年齢よりも10歳ほどは若く見える。

中西部ウィスコンシン州ミルウォーキー郊外で少年時代を過ごした。くしくも、同じく空売りの名手として知られるチェイノスと同じだ。高校は討論クラブで大半の時間を過ごした。理詰めで物事を考え、議論をするやり方はここでたたき込まれた。成績はきわめて優秀で、特に数学の分野でたぐいまれな能力を発揮したようだ。

東部の名門コーネル大学に進み、政治学を専攻した。学生時代にワシントンのＳＥＣの経済分析局で実習生として3年間を過ごし、経済に強い関心を持つようになる。91年に優秀な成績で大学を卒業。数社から内定をもらい、最終的に選んだのがウォール街の名門投資銀行ドナルドソン・ラフキン・アンド・ジェンレット（ＤＬＪ）だった。

誰もがうらやむ就職先のはずだったが、アインホーンを待っていたのは想像を絶する過酷な現実だった。証券アナリストの見習いとして、先輩社員から馬車馬のようにこき使われる日々。プレゼンテーション用の資料のコピーなどあらゆる雑用を一手に引き受け、週の労働時間は１００時間を超えた。徹夜も日常茶飯事で、入社からわずか3カ月で体重は7キログラムも減った。

ただただ自己犠牲を強いられる日々に嫌気がさし、入社して2年で退社する。ヘッドハンティングのあった中堅ヘッジファンドに転職したことで、アインホーンの投資家としての道が開かれる。

ここで四半期報告書や年次報告書を読み込み、企業財務を分析する基礎を学んだ。優れた企業とずさんな企業の見分け方。積極的な会計と消極的な会計手法の違い。こうした基礎を、アインホーンは瞬く間に吸収していった。

そして96年、同僚とともに自身のファンドを立ち上げることを決める。まだ27歳の若さだった。両親などに出資してもらい、90万ドルというファンド立ち上げとしては少額でのスタートになった。名称は「グリーンライト・キャピタル」にした。

妻のシェリルが「グリーンのライト」（公認）を与えるという意味で付けてくれた。97年には58％という高い投資収益を記録した。バリュー投資家の多くが苦戦した2000年のITバブルも無難にしのぎ、ファンドは順調に拡大していった。08年の金融危機ではリーマンを相手に勝利を収めたのもすでに見た通りだ。

アインホーンは今でも年率で20％という高い運用利回りを目標に掲げている。96年のファンド設立以来、13年までの平均利回りは19・5％。あらゆる難局を乗り越え、ほぼ目標通りのリターンをたたき出してきたことになる。

また豪奢なイメージのつきまとうファンド業界にあって、アインホーンほど規則正しく、つつましい生活を送っている人物は珍しい。日本人の駐在員が多く住んでいることでも知られるニューヨーク郊外のウエストチェスター郡に居住し、毎朝電車でマンハッタンのオフィスに通う。仕事はなるべく早く終わらせ、夕食はできるだけ家族ととる。二人の娘と一人の息子との時間を大切にする家庭人は、子供と同じ夜9時には就寝し、午前3時ごろに起きて自宅で仕事を始める日々を送っている。

投資家とともに、プロ顔負けのポーカープレーヤーとしても知られる。12年は世界最高峰の大会であるワールドシリーズ・ポーカーで自己最高の3位に入った。400万ドルを超える賞金はすべて慈善事業に寄付した。

アインホーンは自身の感情を滅多に表に出さない。半面、相手が何を考えているかを読む力に優れる。数学的な能力とともに、その特質がポーカーでも発揮されている。投資の世界で突出した成績を収めてきたのは、自身の感情をコントロールできる特質によるところが大きい。

アインホーンされる

アインホーンは今や米市場で絶大な影響力を持つ。空売りにおいても、買い持ちにおいてもその一挙手一投足にマネーが敏感に反応する。まずはリーマン破綻を機に注目を浴びるようになった空売りから見てみよう。

冒頭に取り上げたフロリダのセイント・ジョーに続き、アインホーンは毎年のように新たな空売りの標的を見つけていった。日本ではあまり知られていない企業だが、全米では有名なコーヒー加工業者の「グリーンマウンテン・コーヒー・ロースターズ」、タコス屋チェーンの「チポトレ・メキシカン・グリル」などだ。毎年10月のニューヨーク会合で

「株価は割高だ」と言及すると、名指しされた企業の株価は必ずといっていいほど急落した。こうした現象が積み重なり、ウォール街ではこんな相場用語が語られるようになった。「アインホーンされる（einhorned）」——。アインホーンが狙いを定めた企業の株価は必ず下がるという「法則」を指す言葉だ。

だがその影響力が高まるにつれて、アインホーンのやり方に対する風当たりも強まっている。その中心にあるのは「自らの発言で相場を操縦しているのではないか」という非難の声だ。これに対し、アインホーンは次のように反論している。

「自分の発言で株価を動かして利益を得ようなどとは思っていない。私や誰かの投資アイデアをむやみに追いかけても意味がない。自分で考えて行動すべきだ」

公の場で言及した銘柄はあくまで長期の視点から買い持ち、あるいは空売りしている。短期的な値動きの変動で売り抜けたりしている事実はないと、具体的なデータを示して説明した。

それではなぜ、真似してほしくもないのに自らのポジションを開示する必要があるのか。この問いに、アインホーンは「それが正しい行為だと信じているから」と答える。「ヘッジファンド業界は秘密の多いことで知られてきたが、私には秘密にしておく理由がひとつも見当たらない」という。

リーマンの不正会計のときもそうだが、アインホーンは「透明性」を重視しているように見える。

お互いが投資アイデアを披瀝し、公明正大に議論することで自らを高めていく。投資家同士の開かれたコミュニケーションが、ひいては市場の効率化にもつながるという信念なのか。SECやウォール街の金融機関から憎まれる存在になっても、アインホーンは今なお表舞台に立ち続けている。

アップルに強気

今度は買い持ちのほうだ。こちらの投資先はとてつもなく大きい。対象は世界最大級の時価総額を誇るアップルである。

「すべての帝国はいずれ崩壊する。だがアップルが（業績不振の）モトローラやノキアの二の舞いになるとは思わない」

アインホーンが今、もっとも多額の資金を投じているのがアップルだ。14年3月末で10億ドル規模のアップル株を保有する。「iPhone」など競争力の高い製品と、コンテンツ配信というソフトの相乗効果で稼ぐ方程式を確立したアップルは、長期にわたって繁栄が続くという読みがある。

投資を始めたのは10年だった。その後も折を見て買い増してきたが、アップル株は12年9月に700ドル超の最高値を付けた後、成長神話の揺らぎで株価が下落した。同年11月には500ドル台まで落ち込んだ。当時のアップル株はヘッジファンド業界で一番の人気銘柄だったが、株価急落にあわてて撤退するファンドが続出した。

この急落のさなか、アインホーンは勝負に出る。思い切った逆張りで、アップル株の持ち高を増やしたのだ。短期的な株価の動きには左右されずに、企業の本質的な価値を見極める。長期の視点から割安か割高かを判断して投資するという哲学が、アップル株の買い増しを決断させた。

このときを境に、アインホーンはアップルの経営陣に明確な要求を突きつけるようになる。潤沢な手元資金を株主に返せというメッセージだ。

たしかに企業のバランスシート分析で卓越した能力を持つアインホーンならずとも、アップルの金持ちぶりには首をかしげてしまう面はある。手元資金（長短の有価証券を含む）は12年末で約1370億ドルと、ハンガリーのGDPに匹敵する規模に達していた。

ただでさえキャッシュリッチなうえ、事業活動から生み出す営業キャッシュフローは同年10~12月期だけで約230億ドル。一方の支出面は、投資キャッシュフローと配当などの株主配分を合計しても、約180億ドルにとどまる。

稼ぐ力が突出したアップルでは、毎期ごとに黙っていても現金が積み上がっていく。バランスシートに眠れるままの巨額資金の有効活用を、アインホーンは低迷する株価の起爆剤にしようと考えた。

（注）14年6月の株式分割の影響を考慮

「優先株による配当に踏み切るべきだ」。アインホーンは13年に入ってから繰り返し株主還元の強化を要求するようになる。アップルのティム・クックCEOはアインホーンの直接の要求はやんわりと退けつつも、「株主還元の拡充を真剣に検討している」と方向転換する姿勢を見せた。

そして、アップルは13年4月、増配や自社株買いによる総額1000億ドルの大規模な株主還元策を発表した。市場関係者の多くは「アインホーンの圧力にアップルが屈した」と受け止めた。

その後、スマートフォン「iPhone5」のヒットもあり、アップル株は徐々に反発に向かった。アインホーンはその後も「アップルにはまだまだ可能性がある」と語っており、長期保有の姿勢を変えていない。

このアップルの一連の「騒動」を受けて、こんな声が聞かれるようにもなった。「株主は黙っているべきだ。経営に納得できないなら売って処分すればいい」。ＧＥのジャック・ウェルチ元会長はテレビに出演し、アインホーンなどの「物言う株主」に〝呪詛〟の言葉を投げかけた。世界有数の大企業が、一握りの投資家に圧倒される現実は米国でさえ違和感を持って受け止められた。これに対するアインホーンの言い分はこうだ。

「嫌なら売れ」というのはその通り。実際に自分がそうすることもある。ただ本当に時々、経営者に建設的な提案をすることもある。特に資本の配分が著しく誤った方向に行っているときはなおさらだ。

アインホーン本人には、経営陣との対立ではなく、企業価値の向上に最善の道を示しているだけだという認識がある。

株高に警鐘

ダウ工業株30種平均は13年だけで26％上げ、95年以来18年ぶりの高い伸び率を記録した。ＦＲＢの緩和マネーにも支えられ、リスク資産である株式市場全体がかつてない水準にまで引き上げられた。徐々に利上げの足音が迫ってきても株高の流れに変化はない。

アインホーンは「終わらない上昇相場」を、警戒感を持って眺めている。13年末に投資家に宛てた手紙では、「予想ＰＥＲ（株価収益率）など投資指標で見て米国株にもはや割安感はない」と指摘した。金融危機の混乱から立ち直り、米景気が拡大期に入ってすでに

5年以上がたつ。米企業収益の拡大ペースも徐々に鈍ってきた。そうした中で、米国の株式相場だけが上がり続けるというシナリオは描きにくいというのが本人の主張だ。

とりわけ気になるのが、昨今のＩＰＯ（新規株式公開）ブームだという。上場時が赤字であるばかりか、将来にわたって利益を出すことが難しそうな新興企業が続々と登場している。有望とはおよそ言い難いのに、市場では高値で取引されている。

これまでのような投資指標が機能しないという意味では、米国株全体にも同じことがいえる。「最近もっとも株価が上がった企業に片っ端から投資する」というタイプの投資家が絶えない。ハイテクやバイオ株などの一角は、値動きに勢いのあることから「モメンタム株」と呼ばれ、実態を無視するように買いが買いを呼ぶ展開になっている。

本来の企業の実力に関係なく株高が続く現象は、バリュー投資を信条とするアインホーンにとっては理解のできないものだ。そこには適切に企業価値を評価したうえで、投資先を決める本来あるべき姿勢が欠けている。

だが、その後も上昇相場は終わることがなく、アインホーンの運用成績に影を落とすことになった。15年には年間で20％もの大きな損失を計上した。

空売りの標的とした米ネットフリックスなどネット関連企業が上昇する一方、買い持ちしていたエネルギーや半導体株が上昇相場に乗れなかったためだ。

株式市場でカネ余りが続く中で、投資指標で見て割高な株がさらに上がるモメンタム相場が持続し、割安株にはなかなか資金が向かう流れが生まれなかったことが主因だ。

16年以降はバリュー株が見直され、綿密な企業調査に基づく投資が報われる地合いに回帰しつつあるが、アインホーンはまだ完全復活とはいえない状況にある。

15年の損失は集中投資を是とする運用戦略が裏目に出た結果ともいえる。「負けない」ことを信条としてきたアインホーンにとっては大きな誤算となったが、その後もこれだけと決めた銘柄に集中投資する運用スタイルに変化は見られない。

FRBを批判

1個のゼリードーナツは、午後の活力源
2個のゼリードーナツは、気ままな朝食
3個のゼリードーナツは、腹痛を引き起こす
6個のゼリードーナツは、食べすぎの病
12個のゼリードーナツは、大学同好会のしごき

ゼリードーナツとは、ジャムの入った甘いドーナツのこと。1個だけならおいしいおやつだが、食べれば食べるほど体に害を与える「毒」へと変わっていく。

アインホーンはここ数年、あらゆる場面でFRB批判を繰り返している。いったい、何が問題なのか。

危機後にＦＲＢは米国債や住宅ローン担保証券（ＭＢＳ）を買い取る量的緩和を決めた。市場に大量のマネーを供給する果敢で素早い決断が、金融市場の信用不安を和らげた。米景気の底割れを防いだプラス効果については、アインホーンにも異論はない。あたかも１個目のゼリードーナツがエネルギー源となるように、危機に瀕した経済や市場に力を与えてくれたからだ。

問題はその先だ。ＦＲＢは12年に量的緩和第３弾（ＱＥ３）を決めると、その後も緩和のアクセルを吹かし続けた。13年末にようやく緩和縮小を決めたが、それでも大量のＭＢＳと米国債を買い続けてきた状況に変わりはない。

こうしたＦＲＢの緩和策の長期化が市場に歪みをもたらしてきたのは疑いようがない。景気を支えるどころか、最近は人々の暮らしに与える弊害のほうが目立つようになっている。これがアインホーンの主張である。

彼の表現によれば、今はまるで32個のゼリードーナツを与えられたような異常な状態にある。ＦＲＢの最大の罪は、量的緩和で人為的に金利を低下させ、預金者の生活を苦しい立場に追い込んできたことにあるという。

ここは少し説明が必要だろう。

長引く低金利によって、老後のために人々が積み上げてきた預金は利息収入を生まなくなった。この結果、当初の予定よりも退職する時期を遅らせたり、老後に備えた預金を確保するために今の生活を切り詰めたりする国民が急増した。

ＦＲＢは緩和策が株高をもたらし、その資産効果によって消費が刺激され、米景気を回復させるというシナリオを描いてきた。

しかし、一般の国民はそれほど株式を持っているわけではない。むしろ預金者として受けた打撃のほうが大きい。一方で、富裕層は株高でますます豊かになっているが、米景気全体を牽引するほどの力はない。緩和策の長期化はつまるところ人々を苦しめ、「米景気の回復ペースを遅らせる逆風になっている」とアインホーンは考える。

ＦＲＢが今すべきことは事実上のゼロ金利をすみやかに解除し、金利上昇で預金者に報いることではないか。もちろん、金利高は借金を抱えた人々には打撃だが、家計のバランスシート調整も進んでおり、金利の正常化はむしろ米景気にプラスの効果をもたらすとしている。

もちろん、ＦＲＢの金融緩和政策の「出口」戦略が、一朝一夕に進むはずもない。金融危機後に、市場では「ＦＲＢに逆らうな」がもっとも説得力のあるキーワードになってきた。あらゆる投資が、ＦＲＢの緩和政策を前提に成り立ってきた。

バーナンキＦＲＢ前議長が量的緩和の早期縮小の可能性に言及しただけで、新興国から一斉にマネーが引き上げられた13年半ばの状況が、それを雄弁に物語る。後任のイエレン議長も、市場の利上げ観測を刺激しないよう慎重にかじ取りをしてきた。

マネーのFRB依存がとことんまで強まっただけに、そこから抜け出す際の副作用も大きい。アインホーンによれば、これもまたFRBの緩和策の長期化が生んだ弊害である。

トランプ政権下の投資戦略

市場のFRB依存に警鐘を鳴らし続けてきたアインホーンだが、17年のトランプ政権の登場によってこれまでの投資戦略がいくらかの修正を迫られることになった。

大規模な減税やインフラ投資を掲げるトランプの政策運営によって、極端な低金利に張り付いていた状況がようやく変わろうとしている。

FRBは16年12月に追加の利上げに踏み切り、17年以降も継続的に金融の引き締めに動くとの見方が多い。

アインホーンは金利が正常化に向かう過程を前向きにみている。

17年1月の投資家向け書簡では、「（金利上昇が）景気を減速させるという見方もあるが、私のゼリー理論でいえばそうはならない」と書き付けた。

例えば、金利が0・5％から2％まで引き上げられれば、低金利に苦しめられてきた預金者が一息つくことができる。これが消費を刺激する効果を生むはずで、決して金利上昇はマイナスにならないとの立場だ。

しかし、これも程度の問題ではある。景気の過熱によって賃金のインフレが加速し、企業の収益を圧迫するシナリオもまったく排除できるわけではない。インフレの加速によってFRBが急ピッチの引き締めを余儀なくされるようになれば、「次の不況を引き起こすかも知れない」。アインホーンはこうも警告する。

個別株の投資戦略はもっと明確だ。多額の法人税を納めてきた内需型のバリュー株に照準を合わせている。

特に株式の買い増しが目立ったのはゼネラル・モーターズ（GM）である。預金者の実入りが増え、賃金も上昇すれば耐久財の消費の拡大が見込める。耐久財の王様といえば自動車以外にない。

GMは多額の税金を納めた割安な内需株にも該当する。

一方で弱気で見ているのが建機大手のキャタピラーだ。インフラ投資に恩恵を受ける銘柄として物色の矛先が向かう場面もあったが、これは誤解に基づいているとアインホーンは言う。

鉄鉱石ブームがすぎ、同社の主力事業である鉱山・エネルギー部門は苦しい状況が続く。トランプの材料だけで上がるには根拠が乏しく、むしろ売りの対象とすべき銘柄だと主張している。

日本株に触手

「あのアインホーンがついに日本に進出」――。14年4月、東京市場に衝撃が走った。グリーンライトの恒例となっている四半期ごとの投資家向けの手紙に、新規に投資を始めたといくつかの銘柄が並んでいた。驚きだったのは、その中に唐突に日本の有力銀行であるりそなホールディングスが含まれていたからだ。この報道を好感し、同社の株価はその日だけで2・5％上げた。

りそなは前年、公的資金を2017年度までに完済する計画を公表していた。アインホーンは完済のペースが想定よりも大幅に前倒しになっているうえ、収益力も高いことを評価した。それにもかかわらず、投資指標のPBR（株価純資産倍率）は0・8倍前後と1倍を下回る水準にとどまっている。「日本の同業他社と比べても株価は割安だ」として、投資を決めた。

「物言う株主」の顔も持つ米国でよく知られた著名投資家の登場に、りそなが受けた衝撃は想像に難くない。同社は「その他の株主と同じようにコミュニケーションを取っている」とし、決して特別視はしていないと強調する。グリーンライトは公的資金の返済などの資本イベントをとらえて投資したとみられ、強引に株主還元の強化などを迫っているわけではなさそうだ。

とはいえ、アインホーンは手紙でりそな投資について「大きなポジション」を保有しているとしており、関係者の話を総合すれば、投資規模が数百億円にのぼる可能性は高い。すべては今後の動向次第だが、株価が低迷することがあれば、てこ入れを狙ってより踏み込んだ行動に出る公算もある。

りそな投資そのものを担当しているのは、アインホーンではなく、グリーンライトが抱えるアナリストとみられる。りそなで足がかりをつくり、さらに日本株に触手を伸ばすことはあり得るのか。アインホーンの本気度を巡って、日本の市場関係者の瀬踏みが続く。りそなに触手を伸ばし始めたアインホーンだが、日本全体には決して強気ではないことには注意したい。

「市場が日本の信用リスクを織り込むようになれば、ハイパーインフレによる通貨の急落を避けるのは難しい」

アインホーンが以前に発した警鐘の言葉だ。

先進国で最悪の国家債務を抱える日本。アインホーンは将来的な金利上昇は不可避だとし、それに備えたオプションなどを購入してきた。80年代のバブルが崩壊した後、海外のヘッジファンドはこうした最悪のシナリオを見越し、日本売りを加速させてきた。この綿々と続く「日本売り」の系譜に、アインホーンも加わったわけだ。

ただその後も、日本の長期金利は低位で安定してきた。異変が起きたのは債券ではなく、外国為替市場だった。12年末に首相に返り咲いた安倍晋三首相は経済政策「アベノミクス」を掲げ、日本のデフレ脱却に全力を注ぐ姿勢を鮮明にした。日銀の黒田東彦総裁が13年4月に大胆な金融緩和を打ち出すと、円相場が急落。翌5月には4年1カ月ぶりに1ドル＝100円を突破した。

この円安が結果として、日本売りのポジションを組んでいたアインホーンに恩恵をもたらした。アップルの大量買いなどで抱えた損失を、円安に伴う収益が補った。アインホーンはその後も日本売りのポジションを維持しているようだ。金利急上昇など、日本がいつかより深刻な事態に直面するとの見方を変えていないからだろう。

FRBを批判し、日本の将来にも暗い展望を抱くアインホーン。国家への不信感の高まりとともに、傾斜を強めている投資先がある。

金（ゴールド）だ。アップルやGMに続き、ファンドの保有資産の上位には今でも金が入る。厳しい国家財政を考えれば、アインホーンが積極的に投資できる通貨はあまり見当たらない。そこで選択肢として浮上するのが、無国籍通貨の顔を持つ金だ。米国や日本でいつか金利上昇が避けられないとすれば、インフレヘッジとしての側面からも金投資は有効になる。

日米欧の大胆な金融緩和で投資マネーが株式などリスク資産に流れた13年。金価格は3割近く下げ、もっとも運用成績が低調な金融資産となった。米メディアとのインタビューでの点を問われると、アインホーンは「金には08年から投資しており、12年までは運用成績もよかった」と反論した。

17年にトランプ大統領が誕生してからも、アインホーンはまだ金を持ち続けている。これはトランプ政権の経済政策の実行能力に疑問符が付き、政治や経済の不確実性が高まるとの予測に基づく。「有事の金」はいまだに有効との考えだ。

また巨額の財政出動によって財政赤字が深刻になったり、インフレが進んだりするシナリオを想定しても、やはり金は有望な投資先になり得る。

アインホーンはかつて「われわれが金に投資しているのは不測の事態に備えてのこと。FRBが（金利の）コントロールを失ったときにいったい何が起きるのかを考えている」と語ったこともある。レイ・ダリオ、ジョン・ポールソン、カイル・バス……、運用業界で名の知れた投資家ほど金投資に傾斜している場合が多い。アインホーンもまた、その例外ではない。

第6章 ウォーレン・バフェット Warren Buffett

オマハの賢人、バリュー投資を語る

世界的に著名なバリュー投資家。米中西部ネブラスカ州オマハを拠点にし、「オマハの賢人」とも呼ばれる。長期の成長が見込め、企業の本源的な価値に比べて割安になった企業に投資する手法で、一代で世界有数の富豪になった。投資会社バークシャー・ハザウェイのCEOでもある。主な投資先はIBM、アメリカン・エキスプレス、コカ・コーラなど。

写真◯ロイター／アフロ

バフェットの教え

○自分が惚れ込むビジネスをしている企業に投資する
○お金を借りて投資しない
○短期的な儲け話には「NO」と答えなさい
○他人の市場予測に耳を傾けても無駄
○投資で成功するのに専門家である必要はない

バリュー投資の祭典

米中西部の小都市オマハは、早朝から異様な熱気に包まれていた。中心部にあるコンベンションセンターには、朝5時台から入場を待ち切れない投資家たちが長蛇の列をなす。誰もが笑顔で、これから起こるイベントへの期待で胸をいっぱいに膨らませているようだ。そのうちの一人、東部コネティカット州から飛行機でやってきたという50代の男性はこう答えた。「オマハの賢人の肉声を一度は聞いてみたくてね」。

7時に開場するとわれ先にと参加者が走り出す。さながら人気グループのコンサート会場のようだった。巨大なホールに設けられた座席は、瞬く間に3万5000人の投資家で埋め尽くされた。

彼らのお目当てはウォーレン・バフェットだ。

バフェットが率いる投資会社バークシャー・ハザウェイが13年5月に開いた毎年恒例の株主総会。参加者たちはすべてバークシャーの株主たちだ。本国の米国だけではない。カナダ、ブラジル、日本、中国、タイ……、世界中からバフェットの信奉者たちが集まった。

ステーキとトウモロコシで知られるネブラスカ州の地味な都市が、このときばかりはお祭り騒ぎになる。ニューヨークなど主要都市からは臨時便が運航する。宿泊料金がいつもの2～3倍に跳ね上がるホテルはどこも満室だ。熱狂的なファンが集まった1960年代の伝説のロックコンサートになぞらえ、「投資家たちのウッドストック」とも呼ばれてき

バフェットの株主総会は巨大な会場が満員になる（14年の総会）。
写真：ロイター／アフロ

た。

13年の総会では朝8時半から1時間近くかけて、バフェットが主役の恒例の特製ビデオが上映された。2月に買収したばかりのケチャップのブランドで知られるHJハインツを巡るコメディーなどが主な内容で、そのユーモアあふれる映像が株主の笑いを誘う。

やがてミラーボールが会場を照らし、ディスコ曲「YMCA」が流れ出す。軽快なリズムに乗って、バフェットと、盟友のチャーリー・マンガー副会長がステージに現れた。会場から割れんばかりの拍手がわき起こる。80歳を過ぎていながら、バフェットの足取りはしっかりとしている。

午前9時半に決算報告から始まった総会は、1時間のランチ休憩を挟んで午後3時半まで延々と続いた。全米最大級の株主総会は、質疑応答をたっぷり取った時間の長さでも知られている。緊迫感が漂う日本の総会とはまったく違う。バフェットに絶大な信頼を寄せる株主たちが集う、年に一度の祭典という表現がふさわしい。

「そのビジネスが5年、10年後も成長できているかを考えて投資しています」

バフェットは株主に自らの投資の信条を語った。関心を抱いた企業について年次報告書（アニュアルリポート）を徹底して読み込み、同業他社などと比べて優位な立場にいるかを確認する。そのうえで長期に持ち続ける価値がある企業にだけ資金を投じるという。

バフェットは、米国で今も息づくバリュー投資の最高の伝承者である。

バリュー投資とは、バランスシートを徹底的に分析し、企業の本質的な価値に比べて、株価が割安に放置されている企業に投資する手法だ。近代証券投資の理論の父とされ、バフェットが師と仰いできたベンジャミン・グレアムが大恐慌時代の1930年代に確立した。今も影響力は絶大だ。

一見するとシンプルなようだが、「投資指標で見て割安というだけでは意味がありません」。バフェットは総会でくぎを刺した。企業の本質的な価値を導き出すには、事業の内容を正確に理解していなければいけない。

株価がただ割安なだけではダメだ。自分がほれ込んでしまうぐらいに素晴らしいビジネスがあるのに、市場がその価値を十分に評価できず、割安に放置されている銘柄を見つけ出すこと。バフェットはそのたぐいまれな投資眼で、一代で世界有数の富豪に上り詰めた。
バフェットは株主からの質問に丁寧に答えていく。辛口で有名なマンガーにも必ず話をふる。バフェットとは対照的な毒にあふれたマンガーのコメントに、会場からはたびたび爆笑が起きる。

「より多くのチャンスが待ち受けています」

バフェットは米国への揺るぎない自信を語った。大胆な金融緩和の効果もあり、米経済は緩やかな回復の道を歩んできた。金融不安がくすぶり、経済の低迷が長期化する欧州とは対照的だ。バークシャーの傘下企業による設備投資額は12年に過去最高の98億ドルに達した。このうち9割近くを米国内の投資が占めた。

マンガーの助言もあって、中国など新興国の企業に関心を示していた時期もある。だが近年は米国の優良企業への投資に回帰していく姿勢を鮮明にしている。

金融危機直後は米国や欧州がバタバタと倒れ、中国やブラジルなどＢＲＩＣｓと呼ばれる主要新興国が世界経済の新たな牽引役になった。だが、ブラジルはインフレ懸念に見舞われ、中国は「シャドーバンキング（影の銀行）」による金融不安が取り沙汰される。

「14年は先進4カ国（米国、英国、ドイツ、日本）の時代が来る」。こんな見方を披露したのは英『エコノミスト』誌だ。実体経済の面で先進国の復権が叫ばれる時代に、もっとも経済の安定した米国に賭けようとするバフェットの姿は共感を集めやすいのかもしれない。

ただし、総会では緊迫する場面もあった。

「買収案件がどんどん割高になっている」

疑問を投げかけたのは、かねてバークシャー株の空売りを公言しているヘッジファンド運用のダグラス・カスだった。バフェットがバークシャーの担当アナリストらに加え、カスを自ら質問者に加えていた。「空売り投資家」との対決は最大の注目点だった。

実際、ハインツの買収価格が割高だったとの批判は少なくない。バフェットも「バークシャーの規模が大きくなるにつれ、過去数十年と同じようなリターンをあげることは難しくなった」と率直に語った。

その一方で、バークシャーの投資収益は「今でも満足できる水準にあり、素晴らしいビジネスをこれからも買収し続ける」と反論するのも忘れなかった。後継者問題についても、「企業文化は今後も変わらない」などと切り返した。

バークシャー株が前日に過去最高値を付けたばかりだったこともあって、バフェットは終始、余裕の態度を見せた。カスも最後は「弾切れ」といった様子で、バフェットの信奉者だらけの会場の独特のムードにも圧倒されたようだった。

買収を繰り返してきたバークシャーは保険、鉄道、化学品など傘下に80社以上を抱える世界有数の複合企業に成長した。時価総額は全米トップ10に入る。アップルやグーグルに

ビル・ゲイツ（右）と卓球を楽しむバフェット（14年の総会）。
写真：ロイター／アフロ

は劣るが、ＩＢＭやゼネラル・エレクトリック（ＧＥ）といった伝統ある優良企業をしのぐ。

総会の会場の一角にある展示場では、チョコレート菓子や農機メーカーなど傘下企業の多くが、恒例の展示・即売会を開く。ここも多くの株主たちでごった返す。

バフェットは必ず総会当日の早朝、この展示場に立ち寄る。米鉄道会社を買収した翌年には、地元バンドの演奏に合わせて「線路は続くよどこまでも」を熱唱した。特別イベントの新聞投げコンテストにも、長年の親友で、バークシャーの社外取締役を務めているマイクロソフト創業者のビル・ゲイツとともに参加する。若いときに新聞配達をしていたバフェットの技に、興味津々で見学している多くの株主から歓声が起きる。そんな親しみやすさも、バフェットが人気を集める理由だ。

オマハでのバフェット体験は、多くの投資家を満足させたようだ。ミズーリ州から来た60代のジム・マーベックさんは「どんな市場環境でも信じて株式を持ち続ける忍耐強さを学んだ」と話す。

2年前、孫にバークシャー株をプレゼントした。「アップル株がよかった」と不平を言われたが、その後の結果は見ての通り。成長神話の揺らぎでアップル株は一時急落したが、傘下企業の収益の拡大が続くバークシャーの株価は最高値圏にある。「バフェットを信じていれば間違いない」。そんな確信を強くしたという。

年に一度のこのオマハの祭典に参加した者なら誰でも、米国に息づくバリュー投資の奥深さを感じずにはいられない。その正統な流れをくんだ投資家であるバフェットから、われわれは何を学べるのか。バフェットは1930年生まれ。かなりの高齢であり、先のことは誰もわからない。

学びの舞台はバークシャーの総会に限らない。総会が開かれている週末、オマハでは地元の大学やホテルで数々の「バリュー投資」セミナーが開かれる。

ここではバフェットを敬愛してやまない著名な投資家が全米から集まり、投資家としての心構えや運用のアイデアを語り合う。バリュー投資の知恵をどう継承していけるのか。

人々のそんな真摯な思いが、オマハの町を支配しているような感覚を抱く。

総会前日、オマハ市内のネブラスカ大学で開かれた会合には、23カ国から約200人が参加した。はるばるやってきた日本の運用会社のファンドマネジャーの姿もある。

「わかりやすいものに投資する」というのがバフェットの教えのひとつ。バリュー株投資で実績のあるヤクトマン・アセット・マネジメント創業者のドナルド・ヤクトマンは「アップルの携帯電話の10年後は誰もわからない。しかし、P&Gの姿ならイメージできる」と語った。

将来像を描けるほどに「わかりやすい」という視点も、長期投資には欠かせない。一方でマクロ景気の動向は、投資判断にはあまり役に立たない。景気を予測して当てることほど難しいことはないからだ。バフェットを慕うヤクトマンは聴衆に、個別企業の業績やバランスシートを丹念に分析することが、投資家として成功する正しい道だとメッセージを送った。

バフェットと同じように、コロンビア大学でバリュー投資の薫陶を受けたマリオ・ギャベリーも、オマハ詣でを欠かさない一人だ。470億ドルもの資産残高を抱える運用会社ギャベリー・アセット・マネジメント（GAMCO）の創業者である。

バリュー投資との出会いが、ギャベリーの人生を変えた。バフェットが、グレアムの投資理論のおかげで投資家として大成したように、ギャベリーには、グレアムの後を継いだ

バフェットはオマハに自宅を構える。　筆者撮影

ロジャー・マリー教授との運命的な出会いがなければ今の自分はなかったとの思いがある。

その感謝の意味も込めて、バークシャーが総会を開く前夜、ギャベリーはオマハで「バリュー投資ディナー」を開く。この年のタイトルは「グレアムからバフェット、そしてその先へ」だった。著名な投資家をゲストに、バリュー投資の神髄をじっくりと語り合う。「もちろんウォーレン（・バフェット）にも毎年招待状を送っているけど、まだ参加してもらったことはないね」。ギャベリーに以前、そんな話を聞いた。

オマハ市内から車で20分ほど行くと、郊外にバフェットの住む自宅がある。日本人から見れば豪邸だが、世界3位の富豪にしてはつつましいともいえるつくりだ。駐車場のあたりにちょっとした監視カメラがあるだけで、その気になれば簡単に敷地内に足を踏み入れることもできそうなぐらいだ。ここを訪れる株主は誰でも、そのセキュリティーの緩さに驚いてしまう。

バフェットは20代後半のときに、生まれ故郷オマハのこの一軒家を3万1500ドルで購入した。それから50年以上にわたってずっと住み続けている。「この家のおかげで、家族と私は楽しい日々を得ましたし、これからもこの家で素晴らしいときを過ごすでしょう」と語っている。

バフェットがこれだけ敬愛されるのは、投資家として類を見ない成功を収めてきたからだけではない。この質素で謙虚な人柄もまた、多くの株主を年に一度オマハに引き寄せる理由だ。

80を優に超える年齢になってもバフェットは、長い時間をかけてどんな株主の質問にも答え続ける。その誠実な姿勢が伝染するかのように、このときだけ、オマハの町がバリュー投資の知恵を分け与える空間に変わる。世界中から個人投資家が集い、生き馬の目を抜く有力投資家たちも、このときばかりは戦闘モードを解き、ともに運用哲学を語らう。

バフェットがつなげる特別な時間。何の変哲もないオマハという田舎の町で、そんな贈与の精神にあふれた「奇跡」が立ち現れている。

グレアムとの出会い

バフェットが受け継いだバリュー投資の礎を築いたのは、先述のようにグレアムである。１８９４年生まれで、１９１０年代にウォール街の証券会社のアナリストとなり、20年代に自分の投資会社をつくった。大恐慌などの荒波を乗り越え、投資の世界で実績を上げた。

どうして、刻々と変化する市場で成功することができたのか。それは、グレアムが当時誰もが気づかなかった「秘密」にたどり着いたからだ。

このときのウォール街はまだ十分に成熟していなかった。ニューヨーク証券取引所の株式ディーラーの間で飛び交う早耳情報をいかに早くつかみ、先手を打てるかが投資で成功する鍵だった。

そんな時代に、グレアムはあることに気づく。「早耳の情報に頼らなくても、公開された企業情報を丹念に分析すれば、市場で付いている株価が割安なのかどうかがわかる」。今でこそ当たり前に響くが、当時はそうではなかった。秘密に気づいたグレアムは、株式市場で抜群の運用実績を上げていく。

米国市場にとって幸運だったのは、グレアムがエゴの塊とはほど遠い人間だったということだ。億万長者になったグレアムは今度は後進を育てるべく、コロンビア大学ビジネススクールで証券分析の講座を開くようになる。「知識や時間を他に分け与えることへの駆け引きのない寛容さがあった」。バフェットはそう振り返る。

バリュー投資のバイブルである『証券分析』は、グレアムが教え子のデイビッド・ドッドと共著で出版した。初版は1934年。49年にはよりわかりやすく解説された『賢明なる投資家』が世に出た。いずれも改訂を重ね、今でも書店に並ぶ。いかに色あせることのない本質的な内容が盛り込まれていたかがわかる。

バフェットは19歳で『証券分析』と出合った。感銘を受けたのは、投機と投資の違いをはっきりと区別していたことだった。

「投機は株式相場の動きを予想して利益を上げる」。一方で投資は「十分な分析に基づき、適切な価格で株式を買って保有すること」と説いていた。値動きを占う予想屋のように株式市場と向き合うべきではない。その教えにバフェットは深い共感を覚えたのだ。

数年後、バフェットはコロンビア大学に入り、グレアムに師事した。「父親をのぞいたすべての人々のなかで、私の人生にもっとも影響を与えた人物だった」とバフェットは語っている。

グレアムもとびっきり優秀だったバフェットをかわいがった。教え子のなかで唯一、最上級の「A＋」の成績を与えた。明晰な頭脳もさることながら、市場への向き合い方、謙虚な人柄など二人にはいくつもの共通点があった。米金融の現代史が記されるとすれば、この二人の出会いこそが、その後のバリュー投資の流れを決定づける重要な出来事だったとして記録されるはずだ。

安全性のゆとり

バフェットがグレアムから学んだことで、もっとも大切なことのひとつは「安全性のゆとり（マージン・オブ・セーフティ）」という考え方だ。企業の本質的な価値を見極め、それよりも割安な価格で株式に投資するのがバリュー投資の基本理念である。

しかし、その分析そのものに誤りがなくても、マクロ景気や地政学リスクといった要因で、思うように株価が上がらないことは往々にしてある。あるいは外的ショックで一時的に株価が下がることだってあるだろう。そんなシナリオを念頭に置けば、バリュー株に投資をする際には安全を担保するだけの十分な「ゆとり」が必要になる。

本源的な価値が１００の企業があったとしよう。その株式が市場で80で取引されているとして、はたしてあなたは買うべきか。

バフェットの「安全性のゆとり」にしたがうのであれば、株価が50〜60ぐらいまで下がり、どのように考えても損失を被る可能性が小さいと確信が持てるまでは安易に投資をすべきではない。十二分に割安な銘柄だけに投資をしていれば、短期間の株価の値動きに余計な気を取られる必要はなくなる。どっしりと長期で構え、株価がいつか上がってくるのを気長に待てばいい。

バフェットは「市場は主人ではなく、使用人にすぎない」という思想の持ち主である。お金に関して感情的になってしまう人は、株価の上げ下げに振り回されてしまう。みんなが買ったから私も買ったというのでは、市場に従属することになってしまう。

バフェットの視点がとらえる市場はこれとはまったく違う。市場は毎日、トレーに「価格」を載せてやってきてくれる存在なのだ。これを受け入れるかどうかは、あなたの決断にかかっている。重要なのは自分が何を望んでいるかを知ること。それがわかれば市場に支配されることはない。むしろ市場はあなたのために働いてくれる使用人に変わるはずだ。いつも中心にいるべきなのは、無数の投資家の思惑が交錯する市場ではない。確固たる自己という存在なのだ。

グレアムに師事したバフェットは、投資する際にはその株式を購入するのではなく、その企業のビジネスの所有権を得たと考えるべきだという。バフェットはこれだと思った企業に投資し、簡単には手放さない。特にコカ・コーラやアメリカン・エキスプレスのように特に気に入った企業は「永久保有銘柄」と位置づけて、ずっと株式を保有する。株式投資はすなわち、成長が約束されたビジネスに資金を振り向けることだ。そうすれば企業の成長に伴って、必ずや株主にも恩恵がもたらされる。

レバレッジは敵とせよ

バフェットの投資哲学でもうひとつ大事なのは「投資のための借金はしない」という信念だ。毎年春に公表する『株主への手紙』はバフェットのファンに限らず、多くの投資家にとって必読の書とされる。近年の手紙では、借金をして、投資額を膨らませるレバレッジについてこんな記述がある。

「借りたお金を元手に投資して、かなり裕福になる人はいます。しかし、そうしたやり方は一方でとても貧しくなる道でもあるのです。レバレッジがうまくいくときは、利益が大きくなります。あなたの妻はあなたを賢いと思い、隣人は羨望のまなざしを向けるでしょう。しかし、レバレッジは癖になるのです。この驚くべき手法でひとたび利益を上げた経験を持つと、ほとんどの人は保守的なやり方に戻れません」

借金をして投資をするというのは、それだけリスクを取るということだ。読み通りに株価が動けばいいが、その逆になったときの損失は大きい。借金をすれば金利の支払いという新たなコストも生まれる。その分だけ運用利回りは引き下げられてしまう。また金融危機のように市場が混乱したときには、借り換えもままならないかもしれない。

安心して投資をするためには、借金をせず、不測の事態に備えて一定の資金を手元に持っておくことだ。そうすれば、市場の急変にも対応できる。株式相場が不当なまでに急落したような局面では、それこそ「安全性のゆとり」を十分に確保して投資をすることができる。

バフェットが口を酸っぱくして語ってきた投資の3カ条がある。

「ルール1　お金を失わない。ルール2　ルール1を忘れない。ルール3　借金をしない」

損をしないためには、安全性のゆとりが欠かせない。借金をしないということも、そのゆとりを生むためには絶対必要な条件だ。長期投資のバフェットは、こうした信念を忠実に守ることで、絶大な成功を収めてきた。

危機後の金融株投資

「安全性のゆとり」がもっとも効果を発揮した局面がある。08年の金融危機だ。

「短期にはおかしな反応をする株式市場も、長期的には合理的に動きます。これから5年後、10年後に今のこの時期を振り返ったとき、とんでもない買い場だったと思うことでしょう」

リーマン・ブラザーズが経営破綻し、金融市場のパニック状態が続いていた08年9月、バフェットは投資銀行の雄であるゴールドマン・サックスが発行する50億ドル分の優先株を買い取ることを決めた。その直後に出演したテレビの電話インタビューでは、この投資が「絶好の買い場」であることを強調した。

当時、その言葉を素直に信じられる投資家は誰もいなかった。

金融システム不安から株価の急落に歯止めがきかなかった。リーマンに続いて、名門ゴールドマンやモルガン・スタンレーでさえ、単独で生き残るのは難しいのではないかとの懸念が広がっていた。

バフェットの投資は好感されたものの、ゴールドマン株が完全に下げ止まったわけではなかった。

「皆が貪欲なときには慎重に、皆がおじけづいているときは欲張りになれ」

こんな投資哲学を実践してきたバフェットは、市場の懸念には一切耳を貸さなかった。10月初めには、金融部門が苦戦に陥っていたGEの優先株30億ドル分の購入にも乗り出した。いずれも配当利回りは年率10％という、平時ではあり得ない破格の条件である。裏を返せば、それだけ市場の緊張が高まっていたということだ。果敢に買い向かう投資家など、どこを探しても見つからなかった。

結局FRBなどの政策対応もあり、危機は徐々に遠ざかっていった。嵐が過ぎ去り、視界が開けてみたら、バフェットの一人勝ちは誰の目にも明白だった。

生き残ったゴールドマンの業績は急速に回復に向かった。11年にはゴールドマンがバフェットの引き受けた優先株を買い戻すことを決め、16億4000万ドルもの上乗せ額を支払った。ゴールドマンに投資した際、バフェットに割り当てられたワラント（株式引受権）についても権利を行使し、14年10月に普通株を取得した。いかなる追加コストもなく、ゴールドマンの株式の約2％を保有する大株主になった。「長期投資を維持してくれるのは喜ばしい」。バフェットの普通株保有について、ゴールドマンのロイド・ブランクファインCEOは歓迎するコメントを出した。

バフェットはその後、金融危機以来の苦境にあったバンク・オブ・アメリカについても総額50億ドルを投じて優先株を取得した。その後の株価は大幅に上がっており、バークシャーは年間3億ドルの配当も受け取った。

打撃を受けた金融機関にとってみれば、投資家の間で絶大な支持を得ているバフェットはいわば「駆け込み寺」のようなものだった。バフェットの関与は信用補完の役割を果たし、市場の信認回復につながるからだ。

振り返れば、株価が大きく下がった局面で大胆に資金を投じるバフェット流投資の威力が存分に発揮されたのが危機後の金融株投資だったといえる。それが可能だったのも、いつもかたわらに潤沢な待機資金を置いていたからである。

『ウォール・ストリート・ジャーナル』紙によれば、08年の金融危機前後に実行した投資で、バフェットは100億ドル規模の利益を得た。ゴールドマンやGEの投資などを合わせると、バフェットの投資収益率は40％近く（税引き前ベース）に達したという。優先株による高い配当収入と、その後の株価回復がバフェットに大きな実りをもたらした。

米政府も危機時に金融機関に公的資金を投じたが、こちらの収益率は約12％だったという。バリュー株への投資を信条とするバフェットの運用成績がいかに秀でたものであるかがわかる。

金融危機というマクロ環境の激変は、決してバフェットをためらわせる理由にはならなかった。株主総会ではこう語っている。

「マクロ環境をもとに事業を売ったり買ったりしたことは一度もありません。個別企業のビジネスを理解できて、価格が魅力的であれば投資をする――ただそれだけのことです。私が初めて株式を購入したのは42年6月のころでした。このときは（マクロでは）戦争で劣勢に立たされていましたが、株価は割安だったので投資をしたのです」

危機時の果敢な金融株への投資は、投資家としてのバフェットの名声をさらに高めることになったのである。

評伝作者が恐れるバフェット

企業が本来持つ稼ぐ力よりも、市場の評価が低いときに大胆に買いに動く。このとき、景気などのマクロ動向には一喜一憂しない。あくまで個別企業の分析を起点にしたボトムアップ型で投資先を見極める。このバリュー投資の本質を、バフェットは一点のぶれもなく体現してきた。

それは紛れもない事実だが、同時にこんな疑問も付きまとう。巨大な運用業界にあって、バリュー投資を実践できるのはバフェットだけではないはず。なぜ、その中でもバフェットは他の追随を許さない運用成績を残し、世界中から尊敬を集める存在になり得たのか、と。

バフェットを知り尽くしたある人物の言葉に、その答えのヒントが隠されている。

コネティカット州の郊外にある緑あふれるグリニッジは、多くのヘッジファンドが集まっていることで有名だ。駅のメイン通りには瀟洒なブティックが建ち並び、車でまわりを走れば、目に飛び込んでくるのは日本では見かけることのない大豪邸ばかりだ。そのグリニッジで一度、アリス・シュローダーに会って話を聞いたことがある。

バフェット公認の伝記『スノーボール』の筆者だ。もともとはバークシャー・ハザウェイを担当するアナリストだったが、独立して作家に転じた。オマハで1年半を過ごし、300時間以上かけてバフェットに直接インタビューした。その成果が、08年に出版した『スノーボール』に結実している。バフェットの実像をもっともよく知っている一人だといっていい。

シュローダーの目に映ったバフェットは、好々爺のイメージとはほど遠かった。

「常人の域を超えた、ただならぬ人間といったらいいのでしょうか。とにかくウォーレン（・バフェット）の発するエネルギーが強烈すぎて、一緒にいるだけでくたくたになってしまうのです。5日連続でインタビューしたときに、私の精神が異常を来してしまったこともありました。思考のスピードの速さは尋常ではなく、一緒にいると四六時中テストを受けているような緊張感があります。朝目を覚ましてから夜眠りにつくまで、頭の中には『投資』のことしかない人です」

バフェットが成功した秘訣はどこにあるのか――そう問うと、こんな答えが返ってきた。

「ウォーレンは数学の能力に長けた、きわめて高いＩＱ（知能指数）の持ち主です。ただ、頭のいい人ならほかにもたくさんいるでしょう。彼を際立たせているのは、異常なまでの集中力にほかなりません。それを支えているのは、投資への計り知れない情熱です。市場で彼と対峙する投資家は、このすごみが十分にわかっていないと思います」

さらにこう続けた。

「人間は近道を好むものです。『バフェットの投資術』といった本を読んで、少しは運用成績が上がるかもしれません。だが、バフェットになることは誰もできない。彼は投資にのめり込むことで多くのものを犠牲にしてきた。これもまた、一面の真実です」

この評伝の作者が時折、こわばったような表情で語るのが印象的だった。バフェットという存在に恐れおののき、そのことについて語るのをはばかるかのようでもあった。話を聴く者にも必然的にバフェットのすごみが伝わってきた。

シュローダーはバフェットの成功の秘訣を、他人には真似のできない集中力に見いだした。

世界有数の投資会社であるバークシャーだが、オマハにある本社は賃貸ビルの１フロアを借りただけの実に質素なものだ。本社の従業員はわずか20人にすぎない。

昔ながらのつつましいバフェットの執務室には、ブルームバーグのような情報端末がない。インターネットにつながるコンピューターさえ置いていない。ただ机の端に、何の変哲もない電話が置かれているだけだ。このことからも、日々の株価に一喜一憂するような生活を送っていないことがわかる。

朝起きると、『ウォール・ストリート・ジャーナル』紙や『フィナンシャル・タイムズ』紙といった有力紙に目を通す。さらに『アメリカン・バンカー』誌やエネルギー関連の業界誌も読むことがある。「明日の相場がどうなるか」ではなく、永続するビジネスの手がかりを得るためだ。

なじみの証券営業マンからは毎日のように電話がかかってくる。また有力企業のＣＥＯやファンド業界のトップからも、買収案件などの提案が続々と持ち込まれる。気に入った案件があれば、年次報告書など公表された財務情報に自ら目を通す。その持ち前の集中力で資料を読み込めば、投資が可能かどうかの結論が出る。

「答えはいつも簡潔で、迷っている様子を見たことは一度もありません」とシュローダーは話す。危機のさなかにゴールドマンの優先株への投資を決めたときも、ゴールドマンのシカゴのオフィスからかかってきた一本の電話が決め手になった。来る者は拒まず、ひとたび魅力的な話が舞い込めば、自らの分析のふるいにかけて即座に答えを出す。企業の本質的な価値を見抜き、すぐに投資の是非を決める芸当は容易に真似できるものではない。バフェットのバフェットたるゆえんである。

米国に賭ける

バフェットは大恐慌さなかの1930年に生まれた。新聞配達などのアルバイトをしながら貯金を蓄え、子供のころから株式投資を始めた。幼いうちから中古のゴルフボールの販売などを手がけ、16歳のときにはすでに現在の価値で500万円の資産を蓄えていたという。

21歳のときには、損害保険会社ガイコにほれ込み、当時の自己資金の7割を投じた。それがわずか1年で資産が倍増し、それからもガイコ株を長い期間かけて買い増していく。バークシャーを率いていた95年には、ついにガイコそのものを買収した。

繊維会社だったバークシャー・ハザウェイを買収したのは65年だ。その後M&Aを繰り返し、保険事業を中核とした世界有数の投資会社に変貌させた。80年代からはコカ・コーラなど米国を代表する優良企業に集中投資してきた。

こう振り返れば、バフェットの投資家人生が、米国経済の繁栄の歴史と重なることがわかる。かねてバフェット自身、自分が米国に生まれたことが、投資家として成功する大きな要因だったと語っている。米経済の拡大に伴って、自身が保有する米企業の株式の価値が高まったからだ。

その考えは21世紀になった今も変わらない。

バフェットは総会で次のように株主に語りかけたことがある。

「マネーは長期にわたって米国に流れ込むでしょう。われわれは銀行の資本不足に正面から取り組み、大量の公的資金を投入しました。おかげで銀行は不良債権をいち早く処理できました。ドルという基軸通貨を持っているのも強みです。自国の通貨で簡単に債券が発行できるのですからね。米国の相対優位はまだ続くでしょう」

金融危機後のまだ病み上がりの状態にあるときでさえ、バフェットは米国の将来への揺るぎない自信を失わなかった。

1941年の真珠湾攻撃、87年のブラックマンデー（世界同時株安）、2001年の米同時テロ、そして08年の金融危機。想定外の危機に直面するたびに、政治家や識者は米国の将来を悲観してきた。バフェットは違う。自分の恵まれた生活は、米国民であるという事実を抜きには成り立たなかったとの思いがある。

「われわれ米国民の生活水準は私が生まれたときに比べ、なんと6倍にもなっています。破滅を予言する人たちは、もっとも重要にして確実なことを見過ごしてきました。人間の潜在能力が枯渇することはないし、その潜在能力を生かす米国の社会システムは健全で有効なのです。この社会システムは2世紀以上にわたり驚くべき成果を上げてきました。たびたび起こる景気後退や南北戦争さえ乗り越えてきたのです」

危機後も変わらなかったバフェットの絶大な自信は、いくつかの大型買収として結実した。

「私は米国が繁栄すると信じています。今から10年後、20年後、30年後には、より多くの人がよりたくさんのモノを移動させるはずです。そのとき、恩恵を受けるのは鉄道です。私は米国に賭けているのです」

バークシャーは10年、米鉄道大手バーリントン・ノーザン・サンタフェ（ＢＮＳＦ）を約２６５億ドルという巨額の資金を投じて買収した。

ＢＮＳＦは米国の約30州とカナダの一部に路線を張り巡らせ、石炭などの資源やトウモロコシといった農産物を運搬する。買収金額は巨額だったが、バフェットは米景気の拡大が続けば輸送量も増え、必ず鉄道会社の収益が増えるという計算があった。

投資負担が重く、規制にもしばられた鉄道業界の買収に首をかしげる市場関係者は少なくなかった。だがバフェットにとって、広大な米国で経済の血脈である物流を担うＢＮＳＦを買収することは、米国の将来を買うことを意味していた。

米景気が危機モードから脱するなかでＢＮＳＦの収益も拡大した。買収後は２ケタ増益を続け、バークシャーに新たな果実をもたらすことになる。

その後の株主への手紙でも、バフェットは「ＢＮＳＦは私の予想した以上の成果を出している」と何度も強調している。

「鉄道は素晴らしい事業です。米国で永久に存在するからです。テレビの製造などは日本に移りましたが、鉄道はどこにも行ったりはしません」

バークシャーの数ある傘下企業でも、ＢＮＳＦはバフェットお気に入りの１社になっていく。

13年に入ると、投資ファンドの３Ｇキャピタルと組み、総額２３０億ドルで米食品大手ＨＪハインツを買収することも明らかにした。当時のバークシャーの手元資金は約４８０億ドルに積み上がっていた。ありあまる資金を有効活用しようと、大型のＭ＆Ａに動いた。「景気変動の影響を受けにくい消費財ブランド」という点でバフェット好みといえた。

ビッグ４

バフェットが好んで投資するのは、キャッシュを稼ぐ力に優れた企業だ。借金の少ない健全なバランスシートも重要な要素になる。日用品や食品のように将来の需要動向が予想しやすい産業で競争力の高さを誇り、業績が長期にわたって安定している老舗企業を好む。そんな企業の株式が十分に安い水準まで下がっていれば、バフェットにとっては絶好の投資機会になる。

近年は保有する四つの中核銘柄を「ビッグ4」と呼び、株価が下がるたび着実に買い増している。いずれも長期にわたって競争優位を保てると確信している企業だ。

その筆頭格であるコカ・コーラとバフェットとの付き合いは長い。１９７０年代に株価が低迷していた同社は、80年代に入ると名経営者ゴイズエタのもとで復活し、自己資本利益率（ＲＯＥ）が30％を超える優良企業に生まれ変わった。コカ・コーラの変化は本物と見たバフェットは80年代から本格的な投資を始めた。

消費者向けで圧倒的なブランド力を持ち、世界中に展開する飲料のガリバー。収益性も高く、50年以上にわたって増配を続けるなど株主を向いた経営という意味でも申し分がない。今でも同社株の９％を持つ。

蜜月を続けてきた両社だが、ちょっとした異変が起きたのは14年に入ってからである。恒例の５月の株主総会で、真っ先に質問に立った株主はこの点を見逃さなかった。

「コカ・コーラの役員報酬案に反対しなかったのはなぜですか？」

「経営陣と対立したくなかったからです」

コカ・コーラは役員に大規模なストックオプションを付与する新たな報酬案を、自社の株主総会で可決していた。バフェットはかねてより、経営陣の高額報酬には批判的な立場を取ってきた。ストックオプションは株価が上がるほど経営陣の取り分が多くなる。

バークシャーは米優良企業の株式を保有している

投資先企業	業種	保有額（億ドル）	持ち株比率（%）
ウェルズ・ファーゴ	金融	275	10.0
コカ・コーラ	飲料	165	9.3
IBM	IT	134	8.5
アメリカン・エキスプレス	クレジットカード	112	16.8
アップル	IT	70	1.1
フィリップス 66	エネルギー	64	14.4
US バンコープ	金融	52	6.0
デルタ航空	空運	27	7.5
ゴールドマン・サックス	金融	27	2.9
ムーディーズ	格付け	23	12.9

（注）2016 年末時点。バークシャーの年次報告書より。

もちろん、株価が上がること自体は悪くないが、株価をむりやり上げるために過大なリスクを取ることにもなりかねない。経営が短期志向に傾いたら何が起きるかは、金融危機を招いたウォール街の教訓からも明らかだろう。

バフェットはこの報酬案を「やりすぎ」と考えた。ムーター・ケントCEOなどコカ・コーラの経営陣に自らの考えを伝えた。だが、株主総会で直接反対することは避け、議決権行使では棄権票を投じた。結局、経営陣との直接対立を避けたバフェットだったが、同社の安定経営に変化が生じてしまうのではないかと不安を抱いている可能性はある。

「ビッグ4」のうち、もうひとつの老舗企業がアメリカン・エキスプレスである。こちらもブランド力は絶大で、安定したキャッシュフローを生み続けている。カードの利用が世界的に伸びているほか、収入の過半を稼ぐ米国市場も好調を維持している。金融危機を乗り越えた後は、株価も一本調子で上げ続けており、14年に入って過去最高値を更新した。

両社ともバフェットにとっては長年の付き合いのある企業だが、ビッグ4の残り2社は比較的新しい顔ぶれだ。

時価ベースで見たバークシャーの保有銘柄のトップは、米銀大手ウェルズ・ファーゴである。ウォール街から遠く離れた西海岸に本社を構える伝統的な商業銀行だ。金融危機の引き金になったサブプライムローンなどとは距離を置き、リスクの低い堅実な経営を売り物にしてきた。

バフェットが投資を始めたのは90年代からだが、本格的に株式を買い増したのは金融危機後の09年のことだった。危機前は準大手の位置づけだったウェルズ・ファーゴだが、米国に基盤を置いた安定経営に投資家の評価が高まっていく。ついにJPモルガン・チェースやシティグループを抜いて、米銀で時価総額最大手に浮上した。「わかりやすいもの」に投資をするという運用哲学を実践してきたバフェットにとって、しっかりとした顧客基盤を持つウェルズ・ファーゴはお気に入りの一社である。

そして、最後の一社がＩＢＭだ。初めて投資をしたと明らかにしたのは11年。約１０７

億ドルを投じて、IBM株の5・5%を購入したと発表した。その後も買い増しを続け、16年末時点で8・5%を保有する。

この投資は意外感を持って市場で受け止められた。事業の中身についてよく理解できないハイテク株には投資しないという方針をかねて公言してきたからだ。

だがバフェットはあるとき、IBMは投資に値する企業だということにはたと気づいた。『日経ヴェリタス』に掲載されたインタビューを引用してみよう。

「これから5年、10年後のIBMの収益力を見通せるくらいに、IBMのことを理解できたと感じたのです。IBMのアニュアルリポートをこの50年の間、毎年読んできました。今年も目を通しているときに、IBMが競争力を将来も維持することをかなり容易に予測できることに思い当たったのです」

「IBMは賢明な財務戦略を取っており、顧客基盤もしっかりとしている点に注目しました。そして、われわれがIBM株をたくさん買っているときの株価はお買い得な水準だったので、大量の資金をつぎ込んだのです」

バフェットがIBMを気に入ったのには、いくつか理由がある。まず収益性の低いパソコン販売から撤退し、IT分野の法人向けサービスにシフトしたことで事業の安定性が高まった。経済発展に伴って新興国からも需要の拡大が見込め、5年、10年先の成長が期待できる。

もうひとつは、積極的な株主配分だ。バージニア・ロメッティCEOによれば、IBMは「2000年以降で、配当や自社株買いで総額1590億ドル以上を株主に還元してきた」。モバイルなどの成長分野に事業の軸足を置きつつ、潤沢なキャッシュフローはしっかりと株主に還元する。こうした経営陣の姿勢を、バフェットは評価しているようだ。

巨大な象のジレンマ

「象を撃つ銃の弾丸をこめ直し、引き金を引く指はうずうずしている」

11年の株主への手紙で、バフェットはこんな表現で大型買収への意欲を示した。有言実行とばかり、その直後に特殊化学メーカーのルーブリゾールを約97億ドルで買収すると発表した。BNSF、ルーブリゾール、ハインツ……、危機後に実行してきた大型買収は、バフェットの絶え間なき成長への意欲の表れにほかならない。

視点を変えれば、次のような見方もできる。

そんな大型買収が可能になっているのは、バークシャー自体が誰よりも図体の大きい巨象になったからだ。それはバフェットの成功の証にほかならない。ただ、株主の立場に立てば、その現実を手放しで評価していいかは微妙だ。

バークシャーは13年になると、エネルギーのガリバーであるエクソンモービルにも触手を伸ばした。エネルギー企業にはそれほど前向きな姿勢を見せてこなかっただけに、「宗旨変えか」との憶測も呼んだ。13年末時点でなお40億ドルを超える株式を持っている。

コカ・コーラなどのビッグ4に加えて、エクソンモービル、小売業の世界最大手ウォルマート・ストアーズ、P&G……。バークシャーの保有銘柄には、米国を代表する企業がずらりと並ぶ。

バークシャーが巨大化するにしたがって投資の規模もどんどん大きくなり、ポートフォリオに並ぶ企業の顔ぶれが多彩になる。その傾向が強まれば強まるほど、バフェットの個性が見えにくくなっているのも事実だろう。ヘッジファンドの場合は、自由で機動的な投資を担保するために、運用資金を一定の規模に抑えようとすることが少なくない。

一方のバフェットはこうした制限を設けてこなかった。だからこそ世界中に知れ渡る投資家になったわけだが、これまでのようなエッジは利きにくくなっている。

もうひとつ、悩ましいのは運用成績のほうだ。危機後の金融株投資では大成功を収めてきたバフェットだが、危機後に株式相場が急速に持ち直す過程で、牽引役になってきたのは将来的な成長期待の高いグロース（成長）株だった。

この影響で、バリュー投資を信条とするバフェットの投資収益は市場平均よりも見劣りしている。13年のバークシャーの1株あたり純資産の増加率はプラス18％だった。市場平均であるS&P500種株価指数の騰落率（配当込み）のプラス32％を大幅に下回った。

バークシャーの純資産価値は1965年から2013年まで、年率で約20％増と驚異的な成長を遂げてきた。その実績は申し分ないが、近年は市場平均に勝てない年が散見される。

インデックス運用の投資信託の生みの親で、米投信大手バンガードの創業者であるジョン・ボーグル。米運用界の大物にインタビューしたとき、バフェットについて聞いてみたことがある。

「バフェットのことは尊敬しているが、いみじくも彼自身が『分厚いサイフは、より高いリターンの妨げになる』と語ってきた。実際に運用資産が膨らみ続け、バフェットでさえかつてのような成績をあげるのは難しくなっている」。これがボーグルの答えだった。

事業の安定した優良企業で構成するバークシャーの投資収益は、相場全体が横ばいか下落する場合に相対的に良好なパフォーマンスになることが多い。そういう意味では、相場全体が上がり続けているここ数年間の苦戦に特段の違和感はない。だが一方で、巨大化しているが故にバフェットの神通力が失われつつあるのではないかとの声は市場で増えつつある。

債券より株式を

危機後、投資マネーが大量に流れ込んだのは債券市場だった。金融システムや景気の先行きへの懸念から、マネーの質への逃避が進み、米国債の10年物利回りは13年に1・6%

台と過去最低水準まで落ち込んだ。債券利回りの低下はすなわち、債券価格の上昇を意味する。

この流れが少しずつ変わろうとしている。危機の傷が癒え、米経済は安定成長に向けて歩み出している。債券からリスク資産である株式へのシフトを意味する「グレート・ローテーション（大転換）」という言葉が市場でも取り上げられるようになった。米国では臆病だった個人投資家も再びリスクを取り始めている。

先取りするかのように、バフェットは「投資家は債券から株式への資金シフトを急ぐべきだ」との主張を繰り返してきた。

FRBが14年中に量的緩和の縮小を終えれば、いよいよ事実上のゼロ金利の解除が視野に入る。利上げという出口戦略が鮮明になれば、債券価格は下落し、債券の保有者は損失を被る可能性がある。そうなる前に手を打っておくべきというのがバフェットの考え方だ。

また大恐慌を経験したバフェットは、かねて最大の脅威はインフレだと語ってきた。将来的な金利の急上昇リスクを考えれば、長期国債に投資するのは賢い選択とはいえない。

ダウ工業株30種平均は、金融危機後の安値を付けた09年3月から3倍になった。すでにこれだけ上がっていることを考えれば、株式を持っていても今後は高い投資収益が期待しにくいかもしれない。ただそれでも配当などを通じて、企業の利益成長から恩恵を受けることができる。インフレにも強い。将来的なインフレのリスクを踏まえれば、株式に投資している必要があると考えているようだ。

もうひとつ、バフェットが遠ざけているのが金だ。危機後の政策対応で先進国の財政は悪化し、通貨の信認は低下した。そんなときにマネーが向かった先は、通貨の代替と位置づけられる金だった。有力ヘッジファンドもこぞって金に資金を振り向け、それが価格を押し上げてきた。

バフェットは金に嫌悪感に近い感情を抱く。

「あなたが金を1オンス買ったとして、100年たっても1オンスのままです」

企業が手がける事業や、農地などと違い、金はそれ自体で何も富を生まない。事業を拡大して利益を上げ、それを投資家に還元する「富の増殖」は起きようもない。

金は工業用や装飾用に使われることもあるが、こうした需要は限定的だ。

つまり金の価格メカニズムは、通貨に対する根本的な恐怖心や、誰かが自分が買った価格よりも高く買い取ってくれるだろうという期待感だけで形成されている。金そのものが何も生み出さないことを考えれば、株式や不動産など利益や配当を生む金融資産に投資するほうが「はるかに安全だ」とバフェットは言う。

個人投資家へのメッセージ

14年に公表された株主への手紙は、いつにも増して平易な言葉で満ちている。投資で資産を蓄えるにはどうしたらいいのか。そんな個人投資家の疑問に答えるように、投資の基本姿勢について、いくつもの示唆に富むメッセージを投げかけた。いくつか引用してみよう。

・満足のいく投資のリターンを得るために、あなたが専門家である必要はありません。ただし、あなたが専門家でないのなら、自分の限界を悟り、そこそこの結果を得るためのたしかな道を進むべきです。短期的な儲け話があったら、即座に「NO」と答えなさい。

・あなたが投資を検討している資産に対して、将来の収益を予測するのが難しければ、忘れて次に進みなさい。すべての投資の可能性について予測のできる人間なんてどこにもいません。全知全能である必要はないのです。

・もしあなたが投資先の将来的な値動きに集中しているのだとすれば、それは予測をしているにすぎません。不適切だとは言いませんが、私も価格の予想をうまくできません。（株価などの）予想が的中してきたという人も信用できません。直近で資産価格が上がっているというのは、今買うことのいかなる理由にもなりません。

・ゲームの勝者は、グラウンドのプレーに集中する選手です。スコアボードに目がくぎ付けになっている人に勝ち目はありません。もしあなたが株価を気にすることなく、土曜と日曜日を楽しめるのならば、平日も同じことができるようにがんばってみてください。

・マクロの意見や他人の市場予測に耳を傾けるのは時間の無駄です。いや、本当に大切なものをぼやけさせてしまうという意味で有害でさえあります。

このように懇切丁寧に投資の基本についてバフェットは記す。そして株式に実際に投資をする際の具体的なアドバイスにも踏み込む。

「素人の投資家の方々によい知らせがあります。長い目で見れば、アメリカのビジネスは素晴らしい働きをするでしょう」

ダウ平均は20世紀、66ドルから１万１４９７ドルまで上がった。21世紀だって、将来的に右肩上がりになるのは間違いない。となれば、投資家が目指すべきなのは、勝者となる企業を必死に探すのではなく、米企業が展開するビジネスを丸ごと手中に収めることだ。

「低コストのＳ＆Ｐ５００種株価指数のインデックス投信がこの目的を果たしてくれます」

バフェットはこうメッセージを送った。自らの投資眼で有望な企業を誰よりも早く見つけ、それを長期に保有することで比類なき投資家になったバフェット。そのバフェットが、一般の個人投資家に薦めたのが株価指数に連動するように設計された低コストのインデックス投信だった。

バリュー投資の正統な継承者としての長年のバフェットの歩みは、その後に続く無数の投資家の道しるべとなってきた。短期的な金儲けとは違う投資のあり方を、バフェットから学んだ投資家は多いはずだ。

マネーと経済が不可分に結び合うことで発展を遂げてきた20世紀以降の米国の歴史は、そのままバフェットの人生に重なる。バフェットという大樹から多くの枝葉が伸び、バリュー投資は今や米の資産運用業で一大潮流をなすようになった。多くの後継者が育ったバリュー投資の伝統はずっと生き続けていくに違いない。

第7章 人間vs.機械

AI投資を行っている米ヘッジファンド、ツーシグマのデイビッド・シーゲル共同代表

最高峰のヘッジファンド

個別の企業を丹念に調査し、企業の本源的な価値よりも株価が割安になった銘柄に投資をする。あるいは、世界のマクロ景気や金融政策を精緻に分析したうえで、世界の株式や債券、為替で自らのポジションを取る。

アプローチは異なるとはいえ、投資の世界の中心にはいつも人間がいた。ファンドマネジャーの手腕が、勝敗を決するもっとも重要な要素になってきた。

こうした前提が今、大きく揺らぎ始めている。

ＡＩ（人工知能）と呼ばれる、最先端のテクノロジーを駆使した投資が登場してきたのだ。コンピューターが自ら学習し、投資判断をする仕組みが急速に普及しはじめている。

そのＡＩ投資の最高峰に君臨するのが、ニューヨークを拠点にしたヘッジファンド、ツーシグマ・インベストメンツである。

「人間の投資家がコンピューターに打ち負かされる時代がいずれやってくるだろう」

ツーシグマの共同代表、デイビッド・シーゲルはある投資会合で語った。

「人間の思考は１００年前とほとんど変わっていない。しかし投資の世界ではこれまでのような伝統的なやり方で、世界経済に関するあらゆる情報を網羅するのが本当に難しくなっている」

ツーシグマは01年に創業した。ＡＩを活用した自動取引のファンドとして実績を上げ、運用資産は３５０億ドルを超えるまでになった。

従業員は１０００人程度、その大半が研究開発部門に従事している。このうち博士号の取得者が１３０人、国際数学オリンピックの金銀メダル受賞者も８人含まれる。

シーゲル自身もマサチューセッツ工科大学（ＭＩＴ）でコンピューター科学の博士号を取得した。専門はＡＩだ。共同代表のジョン・オーバーデックも数学オリンピックのメダリストである。

好調な運用成績を背景に、15年だけで二人の報酬額は5億ドルに達し、ヘッジファンド全体のランキングで10位以内に入った。

ツーシグマでは世界の森羅万象のデータが投資の材料になる。

個別企業のリポートや世界の経済統計など実に１万ものデータが分析対象になっている。これを可能にしているのが、７万５０００個に及ぶコンピューターのＣＰＵ（中央演算処理装置）だ。

シーゲルは『日経ヴェリタス』のインタビューに、「ツーシグマが手がけるのは投資だが、われわれは科学的な手法を用いてデータを処理するテクノロジー企業だと考えている」と答えている。

投資先の金融商品は世界の隅々に及ぶ。40カ国以上の株式やデリバティブ（金融派生商品）に投資をしているのだという。

人間のファンドマネジャーの場合は、財務諸表をベースに割安株を見つけ出したり、経営陣に改革を突きつける「物言う株主」のアプローチを採用したりと、それぞれが得意とする運用戦略がある。

シーゲルはここに人間の限界があるとみる。以前も「一つの専門性に偏るのはもったいない話だ」と語ったことがある。AIがあらゆるデータを分析し、株価の動きを予測するパターンを見いだせれば、刻一刻と姿を変える市場にも機敏に対応できる。「頭脳集団」のツーシグマは全方位型とも呼ぶべき投資スタイルを確立し、世界的な注目を集めるようになった。

米『フォーブズ』誌によると、14年、15年と2ケタを超える運用成績を出した。顧客に対する手数料体系は、3％の運用手数料、30％の成功報酬がベースになっているようだ。ヘッジファンド業界は一般に2％の手数料、20％の成功報酬が多い。近年の運用成績の低迷で手数料に一段の下げ圧力がかかっている局面だけに、ツーシグマの強気の姿勢は余計に目を引く。

分析の対象となるのは、企業の売上高や利益といったコンピューターが分析しやすい「構造化データ」だけではない。文章や画像、音声といった「非構造化データ」も投資の超過収益を生む貴重な材料となる。

例えば人工衛星で撮影した米国の大型スーパーの駐車場の写真を時系列で分析すること

で、実際にどれだけ売れているかの数値をはじき出す。中東の原油ターミナルの衛星写真では、原油タンクの上蓋に映る影の長さを定期的に計測し、原油の在庫量がどう変わっているかを把握する。

このほかにも経営陣による自社株の売買状況や天候などあらゆる情報が分析の対象になっている。

世の中に日々膨大なデータが生み出される「ビッグデータ」の時代だ。この洪水のようにあふれ出すデータを活用し、ＡＩが次なる株価や為替の動きを予測する。その一連のプロセスを最大限に洗練させてきたのがツーシグマといえる。

ディープラーニング

16年3月、米ＩＴ企業グーグル傘下の英ディープマインド社が開発した囲碁のＡＩ「アルファ碁」が、世界最強と目されてきた韓国のイ・セドル九段と対局し、4勝1敗で勝利した。

碁はチェスや将棋よりもはるかに打ち手が複雑だ。どんなにＡＩが進化しても、人間に勝つのは難しいだろうと思われてきた。にもかかわらず、大方の予想を覆して、世界最強の棋士にＡＩが勝利したのだ。

「人間が気づかない手を打ってきた」

AIの「アルファ碁」が世界最強のイ・セドルに勝利した。　写真：AP／アフロ

敗れたセドルは後に語った。対局している間、アルファ碁が繰り出す手にテレビの解説者が首をひねる場面が何回も見られた。しかし、対局が進むにつれて、ＡＩの打ち手が実は好手だったことがわかったのだという。

アルファ碁は、過去の囲碁の対局から3000万もの場面のデータを取り込み、ＡＩが模疑の対戦を重ねたうえで実践に臨んだ。どんな天才とされる棋士でもそれだけの過去のデータを自らのうちに取り込み、実際の対戦で生かすことは難しいだろう。

もっとも、膨大なデータを取り込んだだけで、長い投資経験を誇るプロの人間の運用者を打ち負かせるほど投資の世界は甘いものではない。取り組んだビッグデータをＡＩがあらゆる確度から分析したうえで、

ディープラーニングの仕組み

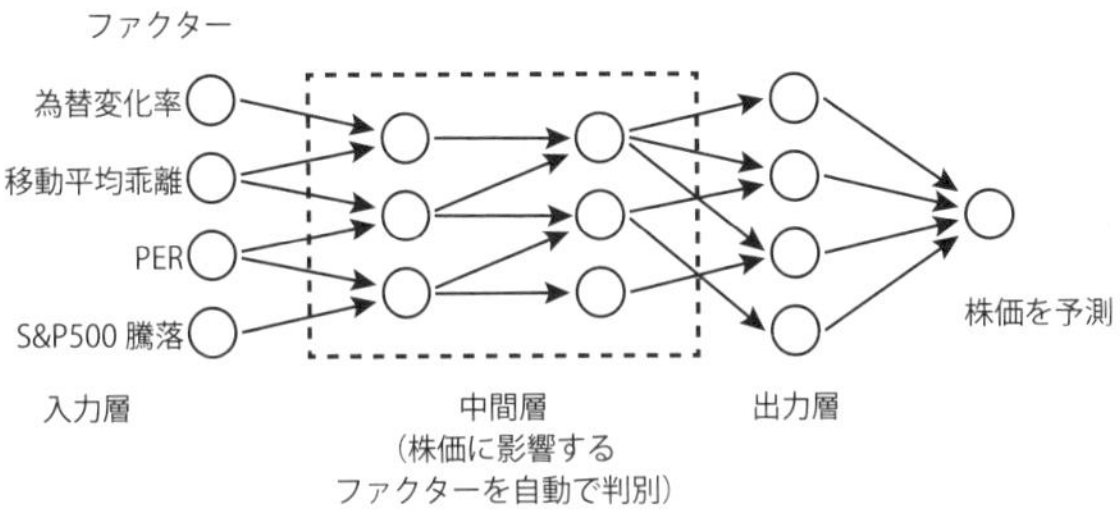

今後の展開を予測する難易度の高い作業を遂行することがどうしても必要になる。

ＡＩが自ら学習して結論を導き出すうえで決定的な役割を果たしているのが「ディープラーニング（深層学習）」と呼ばれる機能だ。

ディープラーニングとは人間の脳をモデルにつくられた仕組みだ。脳に限りなく近い構造にすることで、コンピューターが「人間のように考える」手段を手に入れたともいえる。

脳のニューロン（神経細胞）を模して、電気回路で多数の層をつくる。具体的には入力層と出力層の間に数多くの中間層（隠れ層）を設定する。これによって取り扱えるデータの量が格段に増えるとともに、学習の精度を高めることが可能になった。

情報の抽出・分析が何段階も行われることで、猫の形をコンピューターが自ら認識して、犬と区別するといった作業ができるようになった。分析を繰り返すほど、正しい解答にたどりつく可能性は高まる。ここで力を発揮するのが、膨大なデータから規則性を見いだす「パターン認識」の機能だ。

投資の世界で言えば、経済指標から財務諸表、あるいは画像といった非構造化データまでを取り込み、何層にもわたる分析をほどこす。どの組み合わせが株価の形成に影響を与えているか判別し、株価の行方を予測する。

AIによって人間では処理することのできない膨大なデータが取り込まれ、有益な投資判断を一瞬にして導き出すことが可能になった。

ゴールドマンの取り組み

ツーシグマなどとともにAIの先頭集団を走っているのが、米ゴールドマン・サックス・アセット・マネジメントだ。

ゴールドマンが本格的にAIの開発に動いたのは08年ごろだった。

同社はそれ以前から、統計学を駆使して株価や企業の業績など各種指標を数量分析するクオンツ運用を手がけていた。市場に対する売りと買いを均衡させながら、プラスの絶対収益を狙う「マーケット・ニュートラル」はゴールドマンのみならず、多くの運用会社が実践していた投資戦略だ。

だが、07年8月に起きた「パリバ・ショック」がすべてを変えた。仏大手銀行のBNP

パリバが突如として、同行傘下のファンドの新規募集と解約を凍結した。世界の金融・資本市場に激震が走り、投資マネーが一斉に市場から逃げだした。

世界のクオンツファンドが受けた打撃はとりわけ大きかった。00年代前半から中盤にかけて運用成績は良好だったものの、どのファンドも似たようなポジションを取っていた。資金を借り入れてレバレッジを効かせていたため、クオンツ戦略の運用資金は過去にないほど膨張していた。その局面で危機が発生し、クオンツファンドが積み上げたポジションは反対売買で一気に解消されることになった。

買い注文が途絶えた流動性なき状況で、あるクオンツファンドの投げ売りが似たような戦略で運用する別のファンドの投げ売りを呼ぶ悪循環が生まれた。悪夢のような経験は後に「クオンツファンド・メルトダウン（崩壊）」と呼ばれるようになる。運よく生き残ったファンドは、運用手法を抜本的に見直す必要に迫られた。

この時、新たなテクノロジーとして姿を現したのがＡＩだったのだ。

ゴールドマンは従来の計量分析に、ビッグデータとＡＩの運用モデルを加えた新たな試みに注力するようになった。

その後10年近い歳月をかけてＡＩの研究開発を続け、運用モデルの細かな改良を重ねてきた。

ゴールドマンが活用するのが１００万本以上のアナリスト・レポート、30万件近くの決算説明会の議事録、2600万件以上のニュース記事だというのだから驚く。あまりに膨大なデータ量であり、人間の力でカバーしようとしても不可能だ。

ゴールドマンは日本を含む先進国の株式200銘柄程度に投資し、市場平均を上回る収益を目指している。人間が日常的に使う言語をコンピューターに処理させる「自然言語処理」を使って、投資先を選んでいるのだという。

例えばアナリストのリポートでは、文章の変化からAIがアナリストの意図を読み取って、将来の投資判断の変更を先取りする。

具体的には、「上振れ余地」、「利益率の拡大」、「売り上げの加速」などプラスの評価と、「持続困難」「やや減速」「市場予想を下回る」といったマイナスの評価を比較検討して、AIが構築したアルゴリズムがリポートに潜むアナリストの考えをあぶり出す。

ポジティブな変化を読み取った場合には、その当該銘柄に投資する。一般にアナリストは買い推奨、売り推奨の投資判断を簡単には変えない。いくつかの四半期にわたって分析を続け、収益の変化が中長期のトレンドになると確信したうえで投資判断を変更することが多い。

ゴールドマンのAIの投資戦略はアナリストの投資判断の変更を事前に察知して、先回り投資をしようとする戦略だ。

こうしたことが可能なのは、AIが機械学習の能力を有しているからだ。AIがデータから反復的に学習することで潜在するパターンを発見し、それを新たなデータに当てはめることで将来の予測が可能になる。

ゴールドマンのＡＩ運用では、ホームページのアクセス状況も投資判断の重要な材料になる。

小売業などの消費者向けのビジネスを展開する企業では、企業のホームページの閲覧数が増えると、実際の店舗でも販売が伸びて収益の拡大に結びつくことが多い。アクセスの変化をいち早くとらえ、その後の株価のトレンドを先取りして、売り買いの投資判断をする戦略だ。

メディアが報じるニュースの場合は、自然言語処理の技術を使い、個別銘柄に対する市場心理をはかる材料にする。不祥事が起きたときはメディアの報道でも辛辣な言葉が並ぶ。膨大なニュースから企業の評価を読み取るのも、ＡＩが日常的に実践している作業だ。

ゴールドマンの株式リサーチ共同責任者を務める諏訪部貴嗣氏は、データ革命の現代にあって、ＡＩには伝統的な投資より三つの優位性があると主張する。

一つ目は膨大なデータをまるごと取り込める能力だ。２０２０年には1年で生み出される世界のデータ量が13年に比べて１２８倍になるともいわれる。増え続けるデータを広範に取り込める能力において人間はＡＩに叶わない。

二つ目は、分析力だ。先ほど見た機械学習は広範なデータをどれひとつ無駄にすることなく、総合的に分析することを可能にする。情報処理の能力が限られた人間は自らの得意分野で勝負しようとするのに対し、ＡＩはあらゆる事象から結論を導くことができる。

三つ目は実行速度だ。ＣＰＵの進化などにより、コンピューターのデータ処理能力は格段に速くなった。24時間休むことなく、データを集めて分析の網にかけ、瞬時に投資判断を下すことができる。

ＡＩは万能なのか？

これまで投資におけるＡＩの進化の流れを見てきたが、すでにＡＩは人間よりもずっと先に行ってしまったのだろうか。

答えはノーだ。

ＡＩ研究で知られる東京大学大学院の和泉潔教授は「ＡＩは市場の潮目の変化を読むことは不得意だ」と指摘する。

ＡＩは過去のデータ解析に基づいて次に何が起きるかを予測することは得意だが、市場が予定調和でいかないのはこれまでの歴史が示しているとおりだ。ロシア危機をきっかけに巨大なヘッジファンドが破綻した１９９８年のＬＴＣＭ危機、米名門投資銀行が経営破綻に追い込まれた２００８年の「リーマン・ショック」など、市場にはいつだって誰も予測できない「ブラック・スワン」が潜む。

想定外のイベントが起きたときに、過去のデータに依存するＡＩが先回りして変化を読み取り、危機を回避する投資行動を取ることはまだ難しい。

また、目先の株価トレンドを予測することには長けているが、長期の企業分析となると話は別だ。経営者のビジョンや、企業の中長期の経営戦略を理解したうえで、将来の企業の成長シナリオをどう描くか。より企業価値の根幹に関わる本質的な部分については、アナリストの分析にまだまだ軍配が上がる。

日進月歩のＡＩだが、まだ人間が優位性を維持している点も少なくない。現時点では人間とＡＩのそれぞれの良いところを結びつける「共同作業」がもっとも投資で力を発揮するとみている専門家が多い。

5分後の株価を予測

ツーシグマやゴールドマンなどＡＩ運用は外資が先行してきたが、ここにきて国内勢も取り組みを強化している。

野村證券は16年から個別銘柄の5分後の株価を予測し、顧客の売買注文を執行するサービスを機関投資家に提供するようになった。

個別の取引など約2万5０００件に及ぶ東証のデータをコンピューターに取り込み、個別銘柄の株価を予測する仕組みだ。

大量のデータを高速処理できる機械の優位性だけでは十分ではない。熟練のトレーダーが築き上げた売買の絶妙なタイミングを、AIがより精度の高い形で代替しようとしているところに最大の特徴がある。

プロのトレーダーは株式を売買する場合に、為替の変化や、株価の移動平均との乖離率など株価の形成に影響を与えている要因（ファクター）を自らが選択して、売買の判断に役立てている。

トレーダーはある意味で、恣意的にファクターを選び取っているのだとも解釈できる。これがAIになるとどうだろうか。活用するのは先述したディープラーニング（深層学習）の機能だ。

AIは為替の変化や移動平均との乖離率だけでなく、米国株との相関や取引される時間帯の売買ボリュームなど人間では網羅できないすべてのファクターを取り込む。

それを脳のニューロンの構造に似せてつくった多層にわたる電気回路に学習させる。データが数多くの中間層を経るなかで、株価の形成に影響を与えているファクターの関係性が割り出されていく。そのうえで5分後の株価が上がるだろうと予測すれば、株価が動く前に買い注文を入れるといった具合だ。

野村はAIによる株価予測を、コンピューターが株価や売買動向をみながら自動で注文を繰り返す「アルゴリズム取引」に取り入れている。

アルゴリズムは機関投資家がもっとも有利な価格で売買注文を執行するために活用されている自動売買の方法だ。これにＡＩの要素を加えることで、買いの場合はより安い株価で、売却する場合はより高い価格で約定する可能性が高まるとみている。

もちろん株価予測がいつも当たるとは限らない。野村はシステムに細かな修正を加えながら、株価予測の精度を高めるようにしている。

このＡＩを活用した売買サービスは、野村が日本のベンチャー企業、ＨＥＲＯＺと共同で開発した。ＨＥＲＯＺは、将棋の「電王戦」で現役プロ棋士に勝利したＡＩを開発したことでも知られる技術系ベンチャーだ。

これからも既存の金融機関と新興のベンチャーが手を組み、より精度の高いＡＩを開発しようとする流れは続くだろう。逆に言うとＡＩも取り込んで付加価値のあるサービスを提供していかないと、機関投資家にそっぽを向かれる時代がやってきたということだ。

トランプ勝利にも動ぜず

三菱ＵＦＪ信託銀行は16年にＡＩを活用した絶対収益型のファンドの運用を始めた。高配当の日本株を買い持ちするが、常にプラスの収益を目指すファンドのために、株価指数先物を売り立てて株価の下落リスクに備え、配当収入を安定的に得る戦略を取る。

ＡＩが活用されているのは先物売りの部分だ。中間層を多層にしたディープラーニングを活用して、経済指標などの大量のデータを分析する。そのうえで翌日の株価の騰落をAIのモデルが予測する流れだ。

例えば、株価が下がるといった予測になった場合は、通常よりも先物売りの比率を高めることで株安でも大きな損失を被らないようにする。

過去に同ファンドを運用していたと仮定してシミュレーションすると、08年度から15年度の8年間の年平均リターンは約9%だった。「リーマン・ショック」で株式相場が崩落に近い状態になった08年も含めて、年間のリターンがマイナスになった年度は一度もないとしている。

16年11月8日の米大統領選でトランプに当確が出たことを受け、9日の日経平均は大崩れして一時1000円近くも下げた。ところがトランプの財政拡大策への期待から米欧株が上昇すると、翌日の日経平均も急反発した。

二日間のジェットコースター相場でも、このAIファンドは適切に対応した。大統領選前夜の8日の取引終了後に「フルヘッジしなさい」として、先物売りの積み増しを求めるサインが出た。

大統領選の波乱を意識した、市場心理に関係する投資指標からこうした慎重なポジションを導き出した可能性がある。

一方で、日経平均が急落した9日の取引終了後には一転して「買い」のサインが出た。

景気や業績などマクロ要因が何も変わらないのに、株価だけが急落したことで株価は割安とＡＩが判断したとみられる。

ＡＩが常に万能というわけではないが、この二日間の取引で痛手を負った投資家も少なくなかっただけに、このＡＩファンドが難局をうまく乗り切ったことは注目に値する。

ＡＩが中長期の予測をする日は来るか

ＡＩの進化のスピードは速い。野村総合研究所は10～20年先に今ある仕事の49％がＡＩやロボットで代替できるとする調査リポートを公表した。

投資の世界でもＡＩを駆使したヘッジファンドが良好なパフォーマンスをみせている。日本ではゴールドマンや三菱ＵＦＪ国際投信が16～17年にかけてＡＩで運用する投資信託を設定した。個人投資家が最先端のＡＩ投資に資金を預けられる時代がやって来た。

ＡＩはファンドマネジャーが自らの腕で市場と勝負する伝統的な運用の世界をどのように変えていくのだろうか。

今のところ、ＡＩは短期の株価予測には力を発揮しているが、中長期の企業の経営など近未来の予測ができるわけではない。そういう意味では、ウォーレン・バフェットやデイビッド・アインホーンのような卓越した投資家が市場から消えることはないだろう。

ただ投資のＡＩ化は不可逆の流れでもある。レイ・ダリオが率いる世界最大級のヘッジファンド、ブリッジウォーターも米アップルの元幹部ジョン・ルービンスタイン氏を共同最高経営責任者（CEO）に迎えた。

AIを含めた新たなテクノロジーを投資に取り込んでいかなければ、長い目で見て生き残っていけないというダリオの危機感の表れでもある。

AI投資に詳しいRPテックの櫻井豊氏は「AIが中長期の企業価値の予測などを未来永劫できないとは言い切れない」と語る。

経営者の表情や人間性など非定量的な要素も分析の対象に加え、もっと長期の株価予測ができる時代が来るかもしれない。「超過収益を狙った人間によるアクティブ運用が駆逐されていくのはとめようがない」と櫻井氏は話す。

AI投資は5～10年後にさらにどんな進化を遂げているのか。短期の株価予測だけではない新たな領域を切り開いているのか。その動向からますます目を離せない。

エピローグ

孤独な鳥の条件

孤独な鳥は高く高く飛ぶ
孤独な鳥は仲間にわずらわされず、同類さえ求めない
孤独な鳥はくちばしを空に向ける
孤独な鳥は決まった色を持たない
孤独な鳥は静かに歌う

これは中世を生きたスペインの詩人サン・フアン・デ・ラ・クルスが残した有名な詩である。6人の投資家の軌跡を追うなかで、私には不思議なことに、これらの言葉がある実在感を伴って迫ってくるようになった。

本書に登場した投資家たちは、誰もが目のくらむような報酬を稼ぎ、時代の寵児として持ち上げられることも多い。良い意味でも、悪い意味でも、スポットライトの当たる華々しい存在だ。

だが本質的には、みな孤独なのではないか。取材を進めていくにつれて、私は彼らが「孤独な鳥」そのものであると感じるようになったのである。

そんなことを言うと、次のような反論がくるかもしれない。バフェットは年に1度、オマハに数万人の株主を招いている。アインホーンやローブはニューヨークを中心とした金融会合にスピーカーとしてしばしば登場し、時に千人単位の聴衆の前で、最新の投資アイデアを披瀝している。およそ孤独とは対極にいるのではないか、という反論だ。

私は、それでも彼らは孤独なのだと主張したい。あるいは、「孤高の存在」と言い換えるほうがより適切だろうか。

ダリオは、金融危機が深刻化するよりずっと前に、住宅バブルの崩壊が想像を超えた危機をもたらすだろうとＦＲＢに警告した。ローブは危機後に市場が崩落状態になったとき、米国の大手金融機関の株式を破格の値段で買い集めた。ダリオの助言はＦＲＢに無視され、ローブも危機の深刻さを十分に理解していないと決めつけられた。世の中の無理解の前に、二人は孤独な戦いを強いられた。投資を始めた直後は、思惑とは反対の値動きとなり、一時的に損失が膨らむ我慢の時間もあった。

だが二人は同時に、世間の常識など移ろいやすいものであることを見抜いていた。結局のところ、常識を超えた先にある普遍的な真実にたどり着いた者だけが、市場で生き残っていくことができる。ダリオやローブは、金属を黄金に変成する錬金術師のように、金融危機というイベントを絶好の収益機会に変えてみせた。危機で多くの投資家がバタバタと倒れていっただけに、彼らが得た果実は余計に市場の関心を集めた。

本書の6人は、果敢にリスクを取りにいくという点で一致していた。孤独な鳥のように、多くの困難を覚悟のうえで、上空高くを飛ぶ。安易に仲間と群れることはしない。一切の妥協を排して市場と向き合い、やがて現実が追いつく形で、その投資戦略に実りをもたらした。

私がニューヨークを拠点に取材をしていて驚かされたのは、リスクを取ることを恐れない人々の層の厚さだった。均一化という表現からはもっとも遠く、歴戦の猛者たちは自らの直感と分析を頼りに市場と対峙していた。

そうした人々が日々織りなすめくるめく世界は、躍動する米国の金融の象徴でもあった。リスクマネーの奔流が、アイデアにみちた若者の起業家精神との融合を果たしたとき、フェイスブックのような世界を席巻する新興企業が生まれるのだろう。マネーとビジネスの不可分な関係が、米経済が今なお世界で力を持つ大きな原動力になっているのは間違いない。

リスクを取るというのは、安易な結論に落ち着かず、未知の道に分け入ることである。日本にも古くから、「人の行く裏に道あり花の山」という相場格言があるのはご存じだろうか。大勢に流れることなかれ主義では投資家として成功することはできない。むしろ、大多数の人々とは反対のことをやるほうがうまくいくことが多いという教えだ。つまりは、「逆張り投資」の勧めである。

この法則は、そっくりそのまま米国の投資の世界にも当てはまる。ただし、まわりが強気になっているから、自分がその逆を行こうとする心理戦の産物にとどまっている限りは、価値ある投資とはいえない。

バフェットやアインホーンのように、心ある投資家は周囲の雑音に惑わされず、独力で投資先の真の価値を見極めようとする。その取り組みはやがて、企業の本質的な価値と市場で付けられている価格との乖離を浮かび上がらせるだろう。その差が大きければ大きいほど、収益機会もまた大きくなる。これを実践できる投資家は、逆張りという投資行為が目的化していないという意味で、「計らいなきコントラリアン」と呼ぶことができるかもしれない。

何より大事なのは、自我の中に絶対的な核を持つことだ。どんなに周囲から批判されようとも、これだと信じるものがあれば、自らの道を突き進む。人々の心理が複雑に交錯する市場の波にのまれ、その雑音に振り回されていてはダメだ。

投資にはもともと「先回りした者が勝ち」という側面がある。誰よりも早く、投資先の埋もれた価値に気づくかどうか。仮に気づいたとして、自分だけが他人と違う道を行くのは勇気がいる。その孤独の道に、ためらいなく分け入ることができるかどうか。危機のさなかにあって、崖っぷちに立たされていた金融機関への投資を決めたバフェットはまさしくこの先回り組に入る。

孤独といえば、いつも四面楚歌の状態に置かれている空売り投資家のことも忘れてはいけない。株式市場のほとんどの参加者は買いを専門にした投資家であり、空売り勢にはたいていの場合、仲間がいない。

チェイノスに会ったとき、「個人投資家が空売りをするにはどうしたらいいか」と聞いたことがある。彼は気の利いたアドバイスでもしようかとしばし考え込んだうえで、やがてその試みを諦めたように、「空売りは通常の精神の持ち主では決して務まるものではない。個人投資家にはお勧めできない」と答えたことがあった。

自我の内なる声に耳を傾け、ここぞというときに大胆にリスクを取れるかどうか。それこそが、投資における勝負の分かれ目になる。米国の有力投資家たちに接して、そんな確信に近い思いを抱くようになった。

特殊な能力を持つ者たち

運用戦略はそれぞれに違うが、危機の荒波を乗り越えてきたカリスマ投資家たちには似通った点がある。多くの場合において、バフェットを頂点にしたバリュー投資の思想が原点にあるということだけではない。ここで強調したいのは、「特異」と呼ぶしかないような能力のほうだ。

たとえば、普通の人では決して真似できないような驚異的な記憶力である。

「自分の記憶はまるで写真のようだ」

オマハの株主総会に一度でも参加してみればわかる。バフェットは手元の資料にほとんど頼らずに、いかなる質問に対しても細かい数字を交じえてすらすらと答える。80歳を超えても、バフェットの中には記憶の箱が存在しているようだ。膨大な情報がしまい込まれた箱を、必要に応じて引き出す。ただ、それだけでいい。

大学時代にバフェットは、数年前に習った法律について友人から聞かれたことがあった。このときには即座にその箇所が掲載されている教材のページを答え、記憶をたどって中身を完璧に復唱した。そんな逸話も残っている。

アインホーンも特殊な能力の持ち主である。記憶力が問われるポーカーを大の得意とし、12年には世界最高峰のポーカーの大会で3位になった。本職は投資家であるにもかかわらず、ポーカーの歴戦のプロに交じって互角に渡り合った。

こういう特殊な能力を持った投資家にとって、数字は空虚な記号の羅列ではない。実際に形を持った物体のように、たしかな重量感を持って知覚されている。だからこそ、一見すると無味乾燥な財務諸表のいくつもの数字から、企業の本質的な価値を導き出すことができるのだ。

こうした特徴は努力によって養われるといった類のものではないのかもしれない。特殊な能力を先天的に身につけたある種の天才たちが、投資家として生き残っている。そう考えることが、より真実に近いのではないかと思う。

しかも、彼らは世間の無理解には動じない、強い精神の持ち主でもある。日本でいう空気を読むような人間とは対極にある。

書くと簡単なようだが、実際にそんな資質を持った人間に出会うことは、リスクが奨励される米国であっても滅多にない。

私にとって、カリスマ投資家たちは異能の人々であった。地位も名誉も確立した名経営者などと同じ地平でとらえることはできない。ダリオやチェイノスなどはウォール街の金融機関にことごとくなじむことができなかった。

そんな組織の歯車になることを拒否した異端児たちが、相次いで自身のファンドを設立し、長きにわたって市場で生き残ってきた。その文脈にしたがえば、彼らは周縁から、中央(政府や企業)に君臨する世界の矛盾をつく存在だといえるかもしれない。

あるいはこのように考えることができるだろうか。社会的な規範や、組織の処世術とは異相にある市場という舞台装置があったからこそ、彼らは自らの能力を最大限に発揮し、自我の存在の証明をすることができたのではないか、と。

もちろん、市場はやりたい放題が許される場ではない。08年の危機直後には、かつてナスダック取引所のトップだったバーナード・マドフによる史上最大の巨額詐欺事件が発覚した。11年にもヘッジファンド大手ガリオン・グループの創業者が有力企業の株式売買を巡るインサイダー取引の罪に問われ、実刑が確定している。有象無象がひしめき合う市場でも、一線を越えてしまった者には報いが待っている。

執拗なこだわり

カリスマ投資家たちが一線を画す存在なのは、特殊な能力ばかりではない。もうひとつ強調しておくべきなのが、投資対象に対する執拗なまでのこだわりだ。

フロリダ州の不動産開発会社を空売りしたアインホーンは、その投資判断に至るまでに、約5年にわたる調査の期間を要した。

こうした姿勢は、過去5~6年にわたって中国を空売りの主戦場にしているチェイノスにも共通する。当局の動きを警戒し、チェイノスは中国に足を踏み入れていない。リスクを感じつつも、ひとたび照準を定めたら食らいついて離れない。それがチェイノスの根本姿勢である。

覚悟と自信がなければ、投資などできない。目移りしやすく、飽きっぽい性格ではとうてい務まらない。彼らの存在は、そんなメッセージを発しているようにも思える。

『十牛図』のように帰還を果たす

有力投資家たちは「孤高の存在」であると書いた。それはまったくその通りなのだが、一方で興味深い事実がある。成功の秘密にたどり着いた投資家たちは、やがて「伝道師」の顔を持つようになるということだ。

世界最大のヘッジファンドを率いるダリオは、「経済は機械のように動く」という彼なりの真理にたどり着いた。それを日々生起する経済事象に当てはめることで、バブルの生成と崩壊のタイミングを言い当てることができた。

しかし、ダリオの歩みはそこで終わらなかった。本書で触れたように、最近になって、自らの経済原理の要点をまとめた30分のアニメーションを公開した。私自身がダリオに会ったときも、同ファンドの関係者から「ダリオの思想を日本でも広めたいのだが、どうしたらいいか」と相談を受けた。そのダリオ自身がナレーターを務めた30分ビデオは現在、日本語や中国語、ロシア語でも観ることができる。

「伝道」をずっと前から実践しているのがバフェットだ。数万人が訪れる毎年の株主総会で、バフェットは惜し気もなくバリュー投資の神髄を語る。その少し前に公表される『株主への手紙』は、世界中の投資家のバイブルにもなっている。

こうした事実と向き合うとき、私にはどうしても禅の『十牛図《じゅうぎゅうず》』のことが思い出されてくる。

禅僧が山にこもり、厳しい修行を重ねる。時がたち、やがて悟りにたどり着く。だが、話はここで終わらない。悟りを得た僧はそれだけで充足しない。やがて人々のもとに帰ってくるのである。その悟りの神髄を伝え、多くの人々に救いの手をさしのべるのだ。

ダリオもバフェットも、投資における真実にたどり着いた。そして、誰もが決して真似のできない成功を収めた。

彼らは閉じられた世界にこもり、遠くからこちらを眺めているのではない。その秘密を語り、多くの人々と知恵を共有しようとしている。

その根底には「世界をより良くしたい」という思いがある。危機を何度となく予言してきたダリオだが、人間社会がより深い知恵を得て、人々を不幸におとしいれる危機を未然に防げるようになればいいと願う気持ちに偽りはない。

このあたりの考え方は、アクティビストとして強欲なイメージもつきまとうアックマンやローブとは温度差があるといえるかもしれない。

いずれにせよ、禅の『十牛図』のような価値観は称賛されてしかるべきだ。マネーが飛び交う、生き馬の目を抜く米国の投資の最前線でそういう世界が顕現していることは、私にとって驚きでもあった。

ただし、われわれが厳密な意味で、ダリオやバフェットのようになることは叶わぬ夢かもしれない。運用哲学の基本はくみ取ることができても、突出した記憶力や、揺るぎなき自己を獲得するのは途方もなく困難だからだ。

多くの人々に向かって語りかける二人の賢人だが、皮肉なことに、市場は両者の今後に懸念を募らせている。現実問題として、この二人に代わる後継者を見つけることができるのかという深刻な問いだ。

バフェットは自ら経営するバークシャー・ハザウェイについて、経営と運用を分ける「集団指導体制」に移行する方針を掲げている。ダリオも徐々に権限を移譲している。

両者とも後継体制の準備には怠りがないが、いずれ訪れる新たな体制下でこれまでと同じような実績を上げることは不可能に近いのではないか。孤高の存在であるがゆえに、その似姿を求めることはきわめて難しい。

自由な存在

いつだったか、知人からこんな話を聞いた記憶がある。

「この世の中で自らの影響力を最大限に行使できる職業が三つある。大統領とオーケストラの指揮者、そして映画監督だ。これらを生業にしている人は、自らの意志を貫徹することができる」

私はこの中に、投資家を加えるべきではないかと思う。もちろん、ファンドは出資者の存在があって可能になっているものであり、四半期など一定期間ごとの運用成績が問われる。ただし、十分な実績を上げている限りにおいては余計な雑音にわずらわされる必要がない。

ダリオは以前こう語っていた。

「投資家とは、経済や市場環境がどんな局面でも必ず収益を上げることのできる世界で唯一の職業だ」

たとえ景気が悪化して株価が急落しても、ファンドには空売りによって利益を得る術が残されている。買いと空売りの配分をどうするか、レバレッジをどこまで効かせるか、すべては運用者の判断次第だ。どんなときでも勝者になる可能性を持っているのは、投資家ぐらいしかない。もちろん、当局の規制とは無縁でいられないが、ダリオは自らを限りなく自由な存在だと位置づけている。

確固たる自己を持ち、独自の相場観を持って市場と向き合うカリスマ投資家たち。混迷の度合いを深める現代にあって、彼らの存在はこれからも、われわれがどこに向かうかを示す道しるべの役割を果たしていくはずだ。

金融市場を巡る主な出来事

1985年	9月	プラザ合意
1987年	10月	世界同時株安（ブラックマンデー）
1989年		買収ファンド、KKRがRJRナビスコに巨額の敵対的買収
	12月	日経平均株価が史上最高値（3万8,915円）
1989年		「ジャンク・ボンドの帝王」マイケル・ミルケンが証券取引法違反で起訴
1992年		英ポンド危機でジョージ・ソロスが巨額利益
1993年		欧州連合（EU）が発足
1997年～1998年		アジア通貨危機
1998年		ロシア危機の余波で米ファンド大手LTCMが経営破綻
2000年		米ITバブルが崩壊
2001年	9月	米同時テロ
	12月	エネルギー大手エンロンが経営破綻
2002年	7月	ワールドコムが経営破綻
	8月	大手会計事務所アンダーセンが事実上の廃業
2007年		米住宅バブルが崩壊
2008年	3月	JPモルガン・チェース、同業のベアー・スターンズ救済買収
	9月	リーマン・ブラザーズが経営破綻
	12月	FRBが実質ゼロ金利政策を導入
	12月	米ナスダックのバーナード・マドフ元会長が巨額詐欺事件で逮捕
2009年	3月	日米の株式相場が金融危機後の安値
	3月	FRBが量的緩和策
	5月	米債券大手ピムコ、世界の低成長を示す『ニュー・ノーマル（新たな常識）』提唱
	6月	自動車大手GMが経営破綻（10年11月に再上場）
2010年	5月	NYダウが取引時間中に1,000ドル近く下げる「フラッシュ・クラッシュ（瞬時の急落）」
2012年	5月	JPモルガン・チェースのデリバティブ取引の巨額損失が表面化
2015年	12月	FRBが約10年ぶりに利上げ
2016年	6月	英国がEU離脱を決定
2016年	11月	米大統領選でトランプ氏が当選
2017年	1月	NYダウが史上初めて2万ドルを突破

あとがき

新聞記者になる前、メキシコ北部の山岳地帯に住むタラウマラ族と暮らしたことがある。厳粛な自然に囲まれ、今なお分け与える精神が息づく根源的な世界にひかれたからだ。だがこちらの一方的な夢想は、甘えを許さない現実に打ち砕かれた。異邦人である私が彼らの日常にずかずかと入り込む。そこで一方的に質問を発しても、彼らは困った表情を浮かべるだけだった。

大事なのは、ただ寄り添うように生き、時の醸成に身をゆだねること。そうすると次第に彼らが警戒心を解き、いつしか大切な儀礼などに連れ出してくれるようになった。

彼らにとっては、日々東の空から昇る太陽でさえ自明ではなかった。「大いなる創造主（オノルアメ）」に感謝の踊りを捧げる行為がなければ、微妙な均衡のうえに成り立つ自然の秩序はたちどころに失われてしまう。自分たちが世界を支えているという「覚悟」が、生きることの根幹をなしていた。

時を経て私にも、彼らの世界のあり方が少しは感得できるようになった。まるで計らいを超えた贈与のようにして、そんな貴重な体験がもたらされた。

先住民の世界と、市場と向き合う投資家たちに似たところがあるなどと言いたいわけではない。ただカリスマ投資家が生きる世界もまた、安易な理解を拒む「厳しさ」を内包していた。

天才と称される人々が、ありとあらゆる知見を総動員し、日々刻々と変化する市場と向き合う。その躍動感にみちた世界のありさまは、短時間で理解できるほど生易しくはなかった。

幸運にも、私には4年という月日が与えられた。2010年春を起点にニューヨークで過ごした期間は、米国が金融危機で負った深い傷が癒え、再生に向けて歩み出そうとするときと重なっていた。

著名な投資家に会いに行ったり、ファンド関係者が集まる会合に通ったりして、彼らの声に耳を傾けた。そこには誰の借り物でもない、独自の運用哲学があった。語られる言葉には生命が宿り、聴く者の覚悟を迫った。それは決して、「ポジショントーク」というお決まりの言葉で片づけられるものではなかった。

奥深き投資の世界にじっくり向き合おうと、自分で決意した。そうして時がたつにつれて、おぼろげながらもその実像が姿を現わしてきた。

はっきりとわかったのは、生き残りを果たした投資家ほど、市場と向き合う比類なき覚悟があるということだった。惰性が許されるほど市場は甘くない。富と名声を得て、享楽の生活にわれを見失えば、淘汰の憂き目にあうだろう。

揺るぎなき自己も成功の条件だ。しかし、それはひとりよがりとは違う。自らが導き出した結論が真実から遠ざかれば、市場から痛いしっぺ返しを食らう。失敗から謙虚に学ぶことで、確固たる自我を確立していかなければいけない。あらゆる人々の思惑が交錯した市場で、長い間生き残るのは本当に大変なことなのだ。

興味深いのは、華やかなイメージとは裏腹に、著名な投資家ほど禁欲的な生活を送っているということだった。

賢人バフェットは今もなお、中西部ネブラスカ州オマハに拠点を構える。世界有数の富豪とはおよそ見えない、つつましい生活を送っている。世界最大のヘッジファンドをつくり上げたダリオもウォール街から距離を置き、コネティカットの郊外で思索を重ねる日々だ。その姿は哲学者と形容するのにふさわしい。アインホーンは規則正しい生活を送り、夜9時には就寝するという。

本書は、こうした投資家たちの実像を通して、誰もが日常に投資という行為を組み込む米国の奥深さを浮き彫りにしようとした。なお、本書に登場する人物の敬称は省略した。

多様で個性的な顔ぶれがそろう米国流投資のダイナミズムを、日本ではまだ十分に伝えられていないのではないか。そんな自省の念にも駆られ、ジョージ・ソロスなどの旧世代にとどまっているかに見える、米投資家に対する時計の針をもう少し先に進めたいとの思いもあった。

無論、投資家の世界観を内に取り込もうとするのは、取材対象を無条件に礼賛することと同義ではない。ファンド膨張が株主の力をさらに強め、経営者との間にあつれきが生じつつあるのは否定し難い。株主資本主義が根を張った米国でさえ、昨今のアクティビストの勢力拡大はある種の警戒感を持って受け止められてもいる。

多くの方々のサポートのおかげで、本書は日の目を見ることができた。特に日経アメリカ社の野間潔社長からは、本書の構想段階から惜しみない支援をいただいた。4年間、ウォール街で取材をする機会を与えてくれた日本経済新聞社にもあらためて感謝したい。日本経済新聞出版社の金東洋さんが、本書の編集を担当してくださった。的確な言葉で本書が目指すべき方向性を示唆してくれた。

ニューヨーク駐在中に久しぶりに再会した新潮社の草生亜紀子さんは、「書くなら今しかないわよ」と力強く背中を押してくれた。初めての本の執筆にあたり、書き手としての心構えを手ほどきしてくれたのは、長年の友人でもあるアジアンバリューの山野浩二さんである。

ニューヨークではスイス人のジャーナリスト、クリストフ・キシゲル記者との出会いが何よりの財産になった。驚くほどに関心領域が重なり、私たちは出会うとすぐに意気投合した。毎週のようにチェルシーのバーで遅くまでビールを酌み交わし、米金融の森羅万象を語り合った。じっくりと米国の投資の世界に向き合ってみようと思ったのも、クリスから受けた影響が大きかった。また、ニューヨーク時代の同僚である蔭山道子さん、エミリー・ヘイさんからも心強いサポートをいただいた。

14年春、私は東京に戻った。証券会社の集まる日本橋・兜町を拠点に、日本の金融業界を取材する日々が続く。資本市場の奥深さは、まだまだ米国に軍配が上がる。少子高齢化、逼迫する財政と日本の将来には高い壁が立ちはだかる。その困難と向き合うなかで、資本市場はいったいどんな役割を果たしていけるのか。はたして日本は生き残っていけるのか。一人のジャーナリストとして、その行く末を見守っていきたい。

最後に、本書の執筆を見守ってくれた家族に感謝する。

２０１４年８月

川上　穣

文庫版あとがき

本書は、14年に出版した『リスク・テイカーズ』の改訂文庫版である。『カリスマ投資家の教え』というタイトルに改め、「新債券王」と呼ばれるジェフリー・ガンドラックや、「人間VS.機械」の章を新たに書き下ろした。前回と変わらない投資家については、可能な範囲でその後の運用の状況を盛り込むようにした。

『リスク・テイカーズ』を執筆していた3～4年前、私をみたしていたのは高揚感だった。

揺るぎない信念を武器に、企業や株式市場と対峙するカリスマ投資家たち。その世界に身近に接し、米国の資本市場のダイナミズムにヒリヒリと自分が刺激されていく感覚があった。

それから時を経た今、投資を巡る風景はずいぶんと変わったように思う。

もっとも大きな変化はＡＩ（人工知能）の台頭だろう。本書でも触れたが、科学者集団が開発したＡＩが投資判断するツーシグマのようなヘッジファンドが勢力を増している。

人間が把握できない膨大なデータを高速で処理し、自ら学習して相場の先行きを予測する。長期の企業分析などではまだまだ人間に軍配が上がるが、人間を中心としてきた投資の世界をＡＩの進化がさらに抜本的に変えていく可能性はある。

もう一つ、言及しておかなければいけないのは「フリーライダー（ただ乗り）」ともいわれるパッシブ投資の興隆である。

日本を含む世界有数の公的年金が、株価指数に連動したインデックス投資に資金をシフトしている。日銀は年間6兆円もの巨費を投じて、東証株価指数（ＴＯＰＩＸ）などに連動した上場投資信託（ＥＴＦ）を購入している。

「自らは投資判断しない」受け身のマネーが市場の隅々にまで行き渡り、株価の形成に大きな影響をもたらすようになった。個別銘柄を丹念に分析するアクティブ投資家の受難は深まるばかりだ。

取材をする側からしても、アドレナリンが出ることがめっきり減った。株式市場が効率的であることを前提にして、パッシブのようなつかみどころのないマネーばかりが膨張する。

存在意義が問われるヘッジファンド業界で、有力な人材がはやりのフィンテック・ベンチャーに転身した、という事例もいくつか目の当たりにした。

それでも、と思う。

本書に登場したカリスマ投資家たちは、時に苦戦を強いられながらも、今なお市場に立ち向かっている。自らの信念を曲げず、徹底的に考え抜き、果敢に投資をした者こそが報われるという思いに揺るぎはない。

米国では国際協調とは距離を置くトランプ政権が誕生した。欧州では英国がEU（欧州連合）離脱を決めるなど既存の秩序が大きく揺さぶられている。

日本では、世界でも突出した日銀の金融緩和が後戻りできないところまで来ている。中央銀行が最大の買い手となって株式市場を下支えするなど、およそ常識では理解のできない異様な金融政策が日常のものとなっている。

だが、いずれその後始末をしなければいけない日がやってくるはずだ。はたして投資家も受け身の姿勢のままで、不確実な時代の変化に対応していくことはできるのだろうか。

大事なのは、自らの力で考え抜くことだ。本書に登場するカリスマ投資家のメッセージを突きつめれば、この一言に尽きる。

彼らの教えを受け止めながら、一人の投資家として資金を投じる。その行為の連なりが、個性豊かな市場の復権につながるのだと信じたい。

「文庫本にしてみませんか」

日経ビジネス人文庫の桜井保幸編集長の一言が、本書に再び息を吹き込んでくれた。この場を借りて、感謝を申し上げたい。

そして何より、市場と日々向き合う投資家の方々にとって、本書がわずかでも助けになるのなら、これに勝る喜びはない。

２０１７年３月

筆　者

参考資料

Ahuja, Maneet, *The Alpha Masters: Unlocking the Genius of the World's Top Hedge Funds* (Wiley, 2012).
Cassidy, John, "Mastering the Machine" (*The New Yorker*, July 25, 2011).
Cohan, William D., "Little Big Man" (*Vanity Fair*, Dec 2013).
Conniff, Richard, "The Fraud Detective" (*Yale Alumni Magazine*, Sep/Oct, 2013).
Dalio, Ray, *Economic Principles: How the economic machine works* (http://www.economicprinciples.org/).
Dalio, Ray, *Principles* (http://www.bwater.com/Uploads/FileManager/Principles/Bridgewater-Associates-Ray-Dalio-Principles.pdf).
Drobny, Steven, *The New House of Money* (Wiley, 2013).
Lindgren, Hugo, "The Confidence Man" (*New York Magazine*, June 23, 2008).
デビッド・アインホーン『黒の株券―ペテン師に占領されるウォール街』（パンローリング、２００９年）。
ベンジャミン・グレアム、デビッド・L・ドッド『証券分析（１９３４年版第１版）』（パンローリング、2002年)。

マイケル・ルイス『世紀の空売り――世界経済の破綻に賭けた男たち』(文藝春秋、2010年)。

本書は二〇一四年十月に刊行された『リスク・テイカーズ』を改訂、改題したものです。

日経ビジネス人文庫

カリスマ投資家《とうしか》の教《おし》え

2017年5月 1 日 第1刷発行
2017年5月18日 第2刷

著者
川上 穣
かわかみ・じょう

発行者
金子 豊

発行所
日本経済新聞出版社
東京都千代田区大手町 1-3-7 〒100-8066
電話(03)3270-0251(代) http://www.nikkeibook.com/

ブックデザイン
鈴木成一デザイン室

印刷・製本
凸版印刷

本書の無断複写複製(コピー)は、特定の場合を除き、
著作者・出版社の権利侵害になります。
定価はカバーに表示してあります。落丁本・乱丁本はお取り替えいたします。
©Nikkei Inc., 2017
Printed in Japan ISBN978-4-532-19820-6

nbb 好評既刊

フランス女性の働き方
ミレイユ・ジュリアーノ
羽田詩津子＝訳

シンプルでハッピーな人生を満喫するフランス女性。その働き方の知恵と秘訣とは。『フランス女性は太らない』の続編が文庫で登場！

スノーボール 改訂新版 上・中・下
アリス・シュローダー
伏見威蕃＝訳

伝説の大投資家、ウォーレン・バフェットの戦略と人生哲学とは。5年間の密着取材による唯一の公認伝記、全米ベストセラーを文庫化。

サイゼリヤ おいしいから売れるのではない 売れているのがおいしい料理だ
正垣泰彦

「自分の店はうまい」と思ってしまったら進歩はない――。国内外で千三百を超すチェーンを築いた創業者による外食経営の教科書。

増補版 遊牧民から見た世界史
杉山正明

スキタイ、匈奴、テュルク、ウイグル、モンゴル帝国……遊牧民の視点で人類史を描き直す、ロングセラー文庫の増補版。

老舗復活「跡取り娘」のブランド再生物語
白河桃子

ホッピー、品川女子学院、浅野屋、曙――老舗復活の鍵は？ 14人の「跡取り娘」に密着、先代との発想の違い、その経営戦略を描き出す。

nbb 好評既刊

古代学への招待
谷川健一

古代の女性天皇は巫女だった。ヤマトタケルは水銀の毒で斃れた――。民俗学の泰斗が明かす、古代日本の知られざる真実。

通貨燃ゆ
谷口智彦

戦争、ニクソンショック、超円高、円圏構想や人民元論議まで、通貨をめぐる大きな出来事の裏にある国家間の熾烈なせめぎ合いを活写。

ひらめきの法則
高橋 誠

アルキメデス、ザッカーバーグ――天才達は、いつ、どんな環境で大発見に辿りついたのか。ユニークなエピソードから学ぶ「ひらめきの法則」。

モルガン家 上・下
R・チャーナウ
青木榮一＝訳

世界の金融を常にリードし、産業界も牛耳ったモルガン財閥。その謎に包まれた〝華麗なる一族〟の全貌を描いた全米図書賞受賞作！

ユニクロ vs しまむら
月泉 博

なぜ、この2社だけが強いのか!? 徹底した取材をもとに両社の対極的な戦略を比較。日本発小売りスタンダードの魅力に迫る！

nbb 好評既刊

ユニクロ 世界一をつかむ経営　月泉 博

「デフレの勝ち組」から「脱デフレの勝ち組」へ——。カジュアルウエア世界一を目指すユニクロに死角はないか。最新状況を加筆・文庫化。

上杉鷹山 リーダーの要諦　佃 律志

日本一の貧乏藩を立て直した名君・上杉鷹山。彼の55年にわたる改革とリーダーシップを、経営コンサルタントが現代の企業改革と対比し分析。

僕たちはガンダムのジムである　常見陽平

社会は1%のすごい人でなく、99%のその他大勢が動かしている。量産型人材であることを肯定的に捉え、普通の働き方を説くキャリア論。

商人龍馬　津本 陽

ニッポンの方途を模索しながら権力の間を駆け抜けた「商人」龍馬。2010年の大河ドラマで話題の英雄の、真の姿に肉薄する。

論理思考力をきたえる「読む技術」　出口 汪

文の構造を把握し、論理の流れをとらえれば、新聞でもビジネス書でも、速く正確に理解できる。人気現代文講師の、仕事に生かせる読書術。

nbb 好評既刊

日本相場師列伝Ⅱ

鍋島高明

命を賭け、相場を張った男たちの波瀾に満ちた一生を、もっとも輝いた瞬間にスポットを当てて描く！　70人の市場の勇者を一挙収録。

語り継がれる名相場師たち

鍋島高明

成功した相場師は何がすぐれていたのか？　岩崎弥太郎、笹川良一、初代伊藤忠兵衛など、厳しい相場を生き抜いた男たちを描く。

日本の優秀企業研究

新原浩朗

世のため人のための企業風土が会社永続の鍵だ――。徹底した分析により、優秀企業たる条件を明快に示した話題のベストセラー。

渋沢栄一 100の訓言

渋澤　健

企業500社を興した実業家・渋沢栄一。ドラッカーも影響された「日本資本主義の父」が残した黄金の知恵がいま鮮やかに蘇る。

昭和戦争史の証言 日本陸軍終焉の真実

西浦　進

日本陸軍はいかに機能し、終焉したのか。いまだ謎の多い陸軍内部を、豊富なエピソードを交えてエリート将校が明かす。

nbb 好評既刊

企業再生プロフェッショナル

西浦裕二＝編著
アリックスパートナーズ・アジア・エルエルシー＝監修

企業再生のプロフェッショナル、アリックスパートナーズの企業再生手法を物語形式で紹介。ターンアラウンド・スペシャリストの実務を解説。

もっともやさしい株式投資

西野武彦

「解説書を読んでみたけれど、いまひとつ理解できない」という人のために、基礎の基礎から実際の売買までをイラスト入りで解説。

ネット株投資はじっくり堅実に楽しもう

西野武彦

豊富な情報、いつでも売買、ネット取引は中高年などに最適。投資サイトの活用法、決算数字の正しい読み方まですべてがわかる解説書。

世界で最も読まれている株の名著10選

西野武彦

『賢明なる投資家』『マネーマスターズ列伝』――。世界を代表する株の名著10冊を紹介し、カリスマ投資家の生涯と投資の極意を伝授します。

株で勝つ！　相場格言400

西野武彦

「最初の損は最良の損」「木は山に植えよ」――。迷ったときに読みたい、先人達の相場の格言・至言を多数収録。実戦に役立つ解説付き！

nbb 好評既刊

妹たちへ

日経WOMAN＝編

「20代はみっともなくていい」「年齢神話に惑わされるな」――唯川恵、小宮悦子、阿川佐和子ら27名が「妹」たちへ贈るメッセージ。

妹たちへ2

日経WOMAN＝編

「後悔ばかりの30代も面白い」「辛い時こそ飛躍のチャンス」――香山リカ、小谷真生子、勝間和代ら16人の先輩から妹たちへ。待望の第2弾。

日経ヴェリタス 大江麻理子のモヤモヤとーく

日経ヴェリタス＝編

ポッドキャスト人気番組が文庫に。テレビ東京の大江アナと一緒に、わかったようでわからない時事経済についての疑問をスッキリ解決！

日経ヴェリタス 大江麻理子のモヤモヤとーく2

日経ヴェリタス＝編

「欧州危機はどうなるの?」――大江アナが、時事問題のモヤモヤを記者にぶつけスッキリ解決！ Pod Castの人気番組、文庫化第2弾。

これからの人生 お金に困らない本

日経ヴェリタス編集部＝編

人生、楽しく最後まで生きるには一体いくら必要で、資金はどうやってつくる? 30、50、70代の家族がそれぞれに挑む「蓄財人生ゲーム」。

nbb 好評既刊

FPは見た！ お金の悩み解決します

日経ヴェリタス編集部＝編

資産運用から相続、離婚まで、日常生活の中で知っておきたいお金の知識をやさしく解説。日経ヴェリタスの人気連載が文庫で登場！

お金の困った！ 七人の士、一挙解決

日経ヴェリタス編集部＝編

お金と人生にまつわる問題はこの1冊ですべて解決！ 弁護士、FP、税理士など、七人の士が束になり、あなたの悩みに答えます。

技術力で稼ぐ！ 日本のすごい町工場

日経産業新聞＝編

小規模でも独自の技術にこだわり、世界に通用する商品で大企業とも対等に渡りあう。ものづくりで時代を生き抜く中小企業に学ぶ。

仕事人秘録 時代を創った「プロの真実」

日経産業新聞＝編

過疎地で生まれた獺祭、再起を果たした旭山動物園――。ヒットの裏側にある数々の人間ドラマを描いた人気連載「仕事人秘録」を文庫化。

スゴい営業 そこまでやるか

日経産業新聞＝編

取引先をさかのぼり情報収集、お客に代わって親族を説得、10秒の立ち話で勝負――結果を出す営業は何をしているのか？ 必勝テク全公開。